797,885 Books
are available to read at

www.ForgottenBooks.com

Forgotten Books' App
Available for mobile, tablet & eReader

ISBN 978-0-259-60999-5
PIBN 10636873

This book is a reproduction of an important historical work. Forgotten Books uses state-of-the-art technology to digitally reconstruct the work, preserving the original format whilst repairing imperfections present in the aged copy. In rare cases, an imperfection in the original, such as a blemish or missing page, may be replicated in our edition. We do, however, repair the vast majority of imperfections successfully; any imperfections that remain are intentionally left to preserve the state of such historical works.

Forgotten Books is a registered trademark of FB &c Ltd.
Copyright © 2017 FB &c Ltd.
FB &c Ltd, Dalton House, 60 Windsor Avenue, London, SW19 2RR.
Company number 08720141. Registered in England and Wales.

For support please visit www.forgottenbooks.com

1 MONTH OF FREE READING

at
www.ForgottenBooks.com

By purchasing this book you are eligible for one month membership to ForgottenBooks.com, giving you unlimited access to our entire collection of over 700,000 titles via our web site and mobile apps.

To claim your free month visit:
www.forgottenbooks.com/free636873

* Offer is valid for 45 days from date of purchase. Terms and conditions apply.

English
Français
Deutsche
Italiano
Español
Português

www.forgottenbooks.com

Mythology Photography **Fiction**
Fishing Christianity **Art** Cooking
Essays Buddhism Freemasonry
Medicine **Biology** Music **Ancient Egypt** Evolution Carpentry Physics
Dance Geology **Mathematics** Fitness
Shakespeare **Folklore** Yoga Marketing
Confidence Immortality Biographies
Poetry **Psychology** Witchcraft
Electronics Chemistry History **Law**
Accounting **Philosophy** Anthropology
Alchemy Drama Quantum Mechanics
Atheism Sexual Health **Ancient History**
Entrepreneurship Languages Sport
Paleontology Needlework Islam
Metaphysics Investment Archaeology
Parenting Statistics Criminology
Motivational

DELLO STESSO AUTORE (Edizioni Treves).

I DRAMMI DEL RISORGIMENTO:

Prologo. – Alberto da Giussano . . . . L. 6 —
   II. – Giovine Italia . . . . 7 —
   III. – Re Carlo Alberto . . . . 7 —
   IV. – La Meteora . . . . 6 —
   V. – Le Galere . . . . 6 —
   VI. – Il Tessitore . . . . 7 —
   VII. – Garibaldi . . . . 6 —

Guerrin Meschino, poema drammatico in 3 atti . 6 —

PROSE:

Tripolitania. In-8, con 70 illustr. 5.° migliaio .10 —
Una primavera in Grecia. 2.° migliaio . . . 5 —
Fumo e Fiamma 3 50
Frate Angelico (esaurito).

RISORGIMENTO

Giovine Italia

DRAMMA IN QUATTRO ATTI

DI

Domenico Tumiati

Edizione definitiva

MILANO
FRATELLI TREVES, EDITORI

Quarto migliaio.

PROPRIETÀ LETTERARIA.

Riservati tutti i diritti. – La rappresentazione e la riproduzione per la stampa sono vietate a termine e sotto le comminatorie delle vigenti leggi. – Per ottenere il diritto di rappresentazione rivolgersi esclusivamente alla SOCIETÀ ITALIANA DEGLI AUTORI *per la tutela della proprietà artistica e letteraria (Milano, Via Sant'Andrea, 9).*

Milano, Tip. Treves - 1922.

Giovine Italia, *secondo dramma, per ordine di sviluppo, del "ciclo del Risorgimento„, fu rappresentato la prima volta il 13 giugno 1910 al Teatro Dal Verme in Milano dalla Drammatica Compagnia di Roma.*

L'accoglienza che il pubblico milanese decretava al dramma, come quella che prima era stata da Napoli decretata al Re Carlo Alberto, mi dimostrò che l'inspirazione mia era mossa dallo spirito misterioso dei nuovi tempi. Osai porre Giuseppe Mazzini su la scena, perchè sentii la sua voce parlare in me, quando io scrivevo là sul suo mare natale.

Sentii la sua voce più profonda, quella che non teme contrasto di vicende, e che conobbe il trionfo, l'idea dell'unità nazionale.

Egli la raccolse nel cuore, pellegrina dei se-

coli: *poichè dalle tenebre dell'anno mille, essa balenò la prima volta in Crescenzio tribuno e su la corona ferrea di Monza; si celò poi, nella porpora imperiale di Dante; pianse su le labbra di Francesco Petrarca; sibilò su la sferza di Nicolò Machiavelli; gonfiò come mare in tempesta l'anima di Vittorio Alfieri; si temprò a guerra nelle stragi napoleoniche; riparando il combattuto volo nel pensiero del Romagnosi.*

Era fanciulla ancora cotesta immortale pellegrina, quando rise al Ligure con pupilla d'amante.

— " Ora e sempre! „ — egli disse. E nacque la Giovine Italia.

ottobre 1910.

D. T.

PERSONAGGI.

Donna Elisabetta Astorri Badoer.
La contessa Giulia Samoyloff.
Il conte Pachta, Consigliere dell'I. R. Governo.
Paride Zaiotti, Inquisitore di Stato.
Il barone Carlo Giusto Torresani, Direttore dell'I. R. Polizia.
Giuseppe Mazzini.
Don Agide Astorri, marchese di Giussano.
Il marchese Gaspare di Rosales.
Il conte Adalberto di Rovre.
Belgioioso.
Imperiali.
Vitale Albera.
Fedele Bono, studente.
Ambrœus, servo degli Astorri.
Mathias
Boris   soldati austriaci.
Ladislao
Un lacchè di casa Samoyloff.
Un maggiordomo.
Un usciere.

L'azione a Milano nel 1833.

Alla prima rappresentazione di *Giovine Italia* al teatro Dal Verme, le parti principali furono così distribuite: *Edvige Reinach* (Donna Elisabetta Astorri Badoer); *Emilia Varini* (Contessa Giulia Samoyloff); *Fabbri* (Conte Pachta); *Farulli* (Paride Zaiotti): *Lupi* (Barone Carlo Giusto Torresani); *G. Tumiati* (Giuseppe Mazzini); *E. Paladini* (Don Agide Astorri): *Masi* (Ambrœus); *Bissi* (Marchese Gaspare di Rosales), ecc.

Dal 1910 al 1920, *Giovine Italia* fu rappresentata senza interruzione su le nostre scene.

ATTO PRIMO.

Nell'abbigliatoio della contessa Giulia Samoyloff: tappezzerie e mobili, stile Impero, di tinte chiare. Il velo roseo della teletta è sorretto dal becco di una colomba. Sopra un stipo arde un fornello cesellato, per riscaldare i ferri dell'acconciatura. Sulla teletta, una profluvie di ordigni e cosmetici, ciprie e balsami.

Quando si alza la tela, la contessa Samoyloff è seduta, intenta ai preparativi pel ballo imminente. Ha già indossato una veste d'arlecchino attillata alla persona, che mette in rilievo sotto i quadri multicolori, le sue forme scultorie. Vera, sua domestica, le allaccia i nastri d'uno stivaletto roseo. Un gentiluomo, don Agide Astorri, marchese di Giussano, che dimostra quarantacinque anni, nel pieno vigore delle forze, benchè effeminato nell'abbigliamento, legge, sdraiato sui cuscini orientali dell'agrippina. Il suo domino verde gli giace al fianco. Al petto, gli brillano le insegne del Toson d'oro e della Corona ferrea.

SCENA PRIMA.

La CONTESSA SAMOYLOFF. – DON AGIDE ASTORRI.

ASTORRI
leggendo, con indolenza.
Ah ah, che bella epigrafe!

CONTESSA SAMOYLOFF.
Leggete ancora Byron?

ASTORRI
senza togliere gli occhi dal libro.
Sì, sentite!

CONTESSA SAMOYLOFF.
Ascolto.

ASTORRI legge.
" Sardanapalo re, nel breve giro
d'un giorno, costruiva Anchialo e Tarso.
Tu mangia, bevi ed ama, chè il restante
vale un bel nulla.... „

CONTESSA SAMOYLOFF
      con convinzione.
Che filosofia!

  ASTORRI leva la testa.
Sì, ma il rombo del nulla negli orecchi,
m'infastidisce. La vorrei spezzare
questa vuota conchiglia che m'assorda.
Oh!... Nulla, nulla, nulla.... tutto vano!

  CONTESSA SAMOYLOFF.
Musica, amico; fatevi suonare
qualche valzer di Strauss.

    ASTORRI.
       È peggio dopo!
Io continuo a girare, quando il valzer
è finito.... ma giro col fantasma
d'un cadavere. È strano: a poco a poco
divento ipocondriaco.

  CONTESSA SAMOYLOFF.
      Suvvia,
non create fantasmi. Questa notte
convien essere allegri.

    ASTORRI
     affondato sempre nei cuscini.
     È quanto chiedo.
Ma la coppa di gioia non spumeggia
siccome un tempo.... Va scemando agli orli.
     Sfoglia il libro nelle sue
     dorature, poi lo getta.

Milleottocentotrentatrè! Vent'anni
addietro, coi capelli inanellati,
caracollavo insieme ad Ugo Foscolo
mio capo battaglione. Ed egli é morto,
il bello italo regno un'ombra, e a me
già traluce l'argento su le tempie....

Contessa Samoyloff.

Invece d'addensar malinconie
sdraiato fra i cuscini, su, aiutatemi!

Astorri
gingillandosi con un ciondolo.

Che volete ch'io faccia? Più indolente
per grazia vostra, io sono, d'un cinese!
Prosciughereste il Po coi vostri vezzi,
divina Giulia....

Contessa Samoyloff.

    Là, prendete il mantice
della cipria, e quel drappo.
L'Astorri lento si leva ed eseguisce.
    Qui, d'accanto:
e attendete i miei ordini.

Astorri.

Non fiato.
Vera pone la parrucca bianca da Arlecchino, sulla capigliatura della Contessa.

Contessa Samoyloff.

Ve lo dicevo? La parrucca è stretta.

Astorri.

Un casco di Medusa dee coprire....

qual meraviglia? Questi lunghi ricci
all'Olimpia Mancìni, son ribelli.
Pettinatevi stretta, alla cinese.

Contessa Samoyloff.

Non mi piace.... La cipria, date! il drappo.

L'Astorri eseguisce, e comincia col manticello, a soffiare cipria sulla parrucca della dama.

Astorri.

Eccovi tutta, in seno delle nubi.

Contessa Samoyloff.

Ma più lento, di grazia!... così, lento.
Volete soffocarmi?

Astorri.

Non adesso....

Depone il mantice. Vera toglie il drappo dalle spalle della contessa, che comincia a dipingersi le sopracciglia allo specchio.

Contessa Samoyloff.

La duchessa di Modena stasera
sfoggerà una gran coda di pavone.
La conoscete? Il conte Pachta dice
ch'è una vera puppattola....

Astorri

inclinato sulla sedia della contessa, passandole una mano intorno alla vita.

È sfibbiata
la cintura....

CONTESSA SAMOYLOFF.

Che fate?.

ASTORRI.

S'è spezzata!

CONTESSA SAMOYLOFF
si toglie la cintura di raso, e la porge a Vera.

Vera, prendete.... presto.... rassettatela.

Vera prende la cintura, e esce. Astorri cinge la vita della dama, e le stampa sulle spalle un bacio. La contessa sempre curva allo specchio, con voce carezzevole:

Basta!

ASTORRI *inclinato su lei.*

A me, no! Quando vi son vicino,
mi scorre nelle vene il sangue nero
del Vesuvio....

CONTESSA SAMOYLOFF
sempre dipingendosi le sopracciglia.

Terrore! Allontanatevi....

ASTORRI.

Che nome porta quell'essenza?

CONTESSA SAMOYLOFF.

Crema d'Aleppo.

ASTORRI.

Odora quale harèm dischiuso,
d'ambra, di belzuino e Maometto,

Le stampa un bacio sulla guancia.

CONTESSA SAMOYLOFF.

Su, chè v'incipriate tutto il viso.

ASTORRI
ammirandosi nello specchio, insieme alla dama.

Venere e Marte, d'Appiani....

CONTESSA SAMOYLOFF *con mollezza.*

Più ardente
era Marte con Venere.... Una volta
non passava un sol giorno, e come l'aquila
sovra il misero gregge, tu piombavi
su me.... Quando partivi, ilare e pago,
ero annientata, come la mia verde
steppa, sotto la furia turbinosa
dei galoppi cosacchi.... Le battaglie
anche a Venere piacciono.... Ritorna
dunque... ogni giorno... una volta... Ah purtroppo
io non ti piaccio più....

ASTORRI.

Si, si ritorno.
Tu m'hai corrotto il sangue, e nelle vene
mi scorri tutta quanta.... Non ho tregua.
Eh, veleno di Vienna.... *Si accarezza
e si morde cosi, nell'ombre folte
di Schoenbrunn....* Son tua preda....

CONTESSA SAMOYLOFF.

Ed io respiro
con voluttà l'odore della preda.
Giù la testa, così....
Gli passa la mano nei capelli.

ASTORRI.

Versami amore,
eterno filtro dell'oblio....

Contessa Samoyloff.

Verrai
con me a Vienna?

Astorri.

Sì, quando?

Contessa Samoyloff.

Nell'autunno,
quando rientra la Corte.... Si va a caccia
coi principi.

Astorri.

Sta bene.

Contessa Samoyloff.

Mi regali
i tuoi levrieri pomellati?

Astorri.

Sì!

Contessa Samoyloff.

Dopo i profumi, non v'è al mondo cosa
più grata a me, dei cani.

Rientra Vera con la cintura. La dama si ricompone, e affibbia i ganci. Vera accende il fornello sullo stipo, e vi pone a riscaldare i ferri.

Sono giovani?

ASTORRI.

Chi?

CONTESSA SAMOYLOFF.

Ma i duchi di Modena!

ASTORRI.

        Assai meno
dei cani che vi dono.

CONTESSA SAMOYLOFF.

      Oibò, sacrilego!

ASTORRI.

Non v'è ombra d'offesa. Un bel mastino
che addenta e sbrana, non è santa cosa?
Tale è Francesco Quarto.... e fu dotato
di forti zanne, a strenua difesa
del diritto divino, che dovrebbe
mutargli in regia la ducal corona.
Da Modena all'Italia, il salto è bello!
E Carlo Alberto ne morrà di spasimo.
È giusto che si onori, e che per lui
l'arciduca Ranieri cessi un poco
di suonare sui vetri con le nocche;
e gli prepari, a nostre spese, un ballo,
mascherato per giunta, a queste lune!
Divertire, distrarre i Milanesi,
tal consegna è di Vienna....

CONTESSA SAMOYLOFF.

        E non è savia?
La vita se ne va tanto veloce!
Ogni minuto è una farfalla d'oro
che conviene ghermire.... Assai di guerre

di rivolte e frastuono! Si riposa.
Le baionette austriache una siepe
cingono ai nostri sonni, agli ozi nostri.
Vegetiamo tranquilli, e duri a lungo
questa Santa Alleanza, che ci dona
balli a palazzo, e gorgheggianti gole
alla Scala.... Si vive, si respira.
Verrà l'ora del pianto, con le rughe
della vecchiezza. Il tempo è là in agguato
con le sue lime sorde N'odo il suono
stridulo d'ora in ora, e mi difendo.
Le rughe.... gli anni.... Fin dentro la bara
voglio celarle al mondo.... Tutta rosea
di cosmetici, in fondo alla mia cassa,
voglio sfidare i ceri e l'acquasanta.
Godiamo, amico!
Gli porge una fiala.
Essenza di verbena.

ASTORRI *aspirando lungamente.*

La vita è breve.... sì. Divento avaro
del tempo. La mia rude giovinezza
che s'aprì nell'incendio del Kremlino,
non vuol cedere.... È un frassino....

CONTESSA SAMOYLOFF
con la voce carezzevole.
Ancor verde.

ASTORRI *piano.*
Ti riconduco io solo questa notte?...

CONTESSA SAMOYLOFF.
Oh non voglio che donna Elisabetta
resti vedova, in sino a mezzogiorno.

ASTORRI
come dissipando una nube dalla sua fronte.

Mia moglie non mi tedia. Vive in alto,
come le sacre immagini. Non ode:
ignora tali inezie. Alla sua sfera
non giunge che l'incenso, il lauro e il fuoco.

SCENA SECONDA.

Un MAGGIORDOMO e DETTI.

IL MAGGIORDOMO *annunziando.*

Sua Eccellenza....
*La contessa annuisce;
il maggiordomo esce.*

ASTORRI *disteso sul divano.*

Chi è?

CONTESSA SAMOYLOFF.

L'imperial regio
aulico consigliere, il conte Pachta.
Siate cortese!

ASTORRI.

Peuh! son tutti uguali
per me gli altri miei simili.... Li stimo
una copia infelice di me stesso.

*Vera comincia ad arricciare la parrucca
della contessa. La portiera si solleva.*

SCENA TERZA.

Il conte Pachta e il barone Torresani.

          ASTORRI
              senza levarsi, a fior di labbro,
              guardando i due che entrano.

Pilade e Oreste....

              Entrano il conte Pachta, già vecchio, logoro dai vizi, con riso sul volto cortigianesco, e il domino al braccio, appoggiandosi al barone Torresani, che veste la divisa di ufficiale austriaco della landwehr. Il domino di Pachta è giallo, nero quello di Torresani.

          PACHTA
              in estasi, davanti alla contessa.

O numi! o *res mirabilis!*
              Bacia la mano alla Samoyloff,
              e le presenta il Torresani.

Vi presento il barone Torresani,
braccio diritto del Governo, Argo
dalle pupille vigili....

          TORRESANI.

      E per giunta,
l'ammiratore vostro più platonico.

          PACHTA.

Egli gode dell'intima fiducia....

CONTESSA SAMOYLOFF.

Sì, del duca di Modena.

TORRESANI.

E parlai
già delle vostre grazie.... Il duca brucia
di vedervi.

CONTESSA SAMOYLOFF.

Scherzate....

TORRESANI.

Ah no!

ASTORRI fra le labbra.

Mezzano!...
Il Torresani gira gli occhi su l'Astorri.

CONTESSA SAMOYLOFF presentando.

È don Agide Astorri di Giussano.

L'Astorri s'inchina indifferente: il
Torresani fa altrettanto. Pachta gli
stringe la mano, con affettazione.

TORRESANI osservandolo.

Sul vostro petto brilla, a quanto vedo,
augusta insegna, il Toson d'oro....

ASTORRI con indolenza.

Sì,
ma il mio nome l'avanza di più secoli....

TORRESANI.

Ah! davvero?..

CONTESSA SAMOYLOFF allo specchio.

Don Agide presume
discendere da Alberto da Giussano.

ASTORRI
gingillandosi coi suoi ciondoli.
Nostro è il suo stemma: la treccia e la tomba.

TORRESANI piano a Pachta.

E chi era costui, di grazia?

PACHTA.

Credo
ch'ei fosse un paggio dell'imperatore
Barbarossa.

TORRESANI.

Era forse quel valente
suonator di liuto e di tiorba?

ASTORRI.

Sì, la tiorba egli suonò a Legnano.

PACHTA.

E voi seguite gli usi antichi, in rima
celebrando il bel fiore della Neva....

CONTESSA SAMOYLOFF
sotto i ferri di Vera.
Come sapete?

PACHTA.

Oh, penetro i segreti!
Bravo, bravo don Agide! Non solo
essa merita rime, ma poemi.

Osservatela! Scesa dal Parnasso
del Carnasciale italico non pare?
Quell'arlecchino rende le sue forme
ghiotte più d'un pasticcio di Strasburgo.
Gran successo stasera! Se Thorwaldsen
fosse al ballo, urlerebbe: A me la creta,
ch'io ne plasmi....

   CONTESSA SAMOYLOFF ridendo.

  Che cosa?

    PACHTA.
       Bah! un'Italia!
La incarnate sì bene! Tutta scacchi,
come la vostra veste, ella non è?
Gli staterelli suoi d'ogni colore
vi coprono.... Dai fianchi, ecco si stende
il santo regno delle Due Sicilie....

    TORRESANI.

Dove sarà Milano?

    PACHTA.
      In alto! Il florido
nostro Lombardo-Veneto è quassù!...
     Sfiora le trine della contessa, che si schermisce e ride, puntandosi sul petto un'aquiletta di brillanti.

   CONTESSA SAMOYLOFF.

Infatti, questa à l'aquila....

    PACHTA.
      E due rostri
ha per baciare e mordere....

Contessa Samoyloff.

     D'amena
fantasia siete, conte!

  Pachta.

    Non appena
varco le vostre soglie, ciò m'accade.
È di Milano l'unico rifugio
dove i nostri ufficiali non sbadiglino.

  Torresani.

E vi accorrono in frotta....

  Contessa Samoyloff.

      Sì, le bianche
uniformi mi adornano le sale.
Qui si parla un tedesco meno zoppo,
che presso l'ambrosiana nobiltà.
E poi si balla....

  Pachta.

    Ditemi, e i costumi
dei lacchè, son trovati?

  Contessa Samoyloff.

     In tutto punto!
       Al Torresani.
Questa è un'idea del conte.... Non sapete
che i miei quattro lacchè sono italiani:
uno è di Roma, e l'altro fiorentino,
è di Napoli il terzo, e il quarto veneto.

Orbene, ne abbiam fatto quattro maschere:
Dante, Tiziano, Vico e Giulio Cesare.
È merito del conte questa scelta:
in Italia io conosco solo i vivi,
e ignoro i morti.... Ma stringeva il tempo,
quasi si disperava d'arrivare,
quando, ieri, trovammo il necessario
negli arsenali della Scala: ed oggi
i quattro illustri luminari italici
reggeranno il mio strascico.

TORRESANI.

È un portento!

Idea degna di Goethe....

PACHTA.

Non è vero?

TORRESANI.

Ah contessa, da voi si oblian le cure
dello Stato, le noie del mestiere,
le congiure e gli intrighi e il morbo matto
che di Romagna, Napoli e Piemonte
s'infiltra anche da noi....

CONTESSA SAMOYLOFF
andando a sedere completamente abbigliata, presso l'Astorri.

Misericordia!

PACHTA.

La paterna tutela a nulla giova!
Dai carbonari del Ventuno, un'altra
pestifera congrega è nata, e nome

vezzoso accampa: la Giovine Italia!
Soffocata in Piemonte, sotto il nerbo
del generale Galateri, azzarda
tender lacciuoli all'aquila bicipite....

TORRESANI.
La vedremo! Rei d'alto tradimento
un editto proclama e danna a morte
chi un foglio, un cenno dei sovvertitori
possegga e celi....

   L'Astorri ha un moto di meraviglia: scuote il capo con indolenza.

PACHTA.
   A Mantova e allo Spielberg
v'è posto ancora!

ASTORRI
   agitando un ventaglio
   di penne di pappagallo.
   Tutte fanciullaggini.
Lasciate che cospirino! Qualcosa
debbon pur fare i giovani.... La nostra
gioventù trovò sfogo nelle guerre:
or che si dorme, procurate voi
qualche sfogo.... Versate giù da Vienna
un fiume di bellezze incantatrici....

   Accennando alla Samoyloff, che sorride.

Soggiogano soltanto le regine.
Vedrete allora illanguidir gli ardori!

TORRESANI.
Oh v'ingannate! Tracotanti a segno
son costoro, che cacciano proclami
fin dentro le caserme....

ASTORRI sbadigliando.

Ah si?

TORRESANI.

Due arresti
operammo di già nel reggimento
stesso Arciduca Alberto.... Sotto il placido
solleone che allaga la metropoli,
par che si stenda una malvagia ragna....

PACHTA fiutando il tabacco.

Venti tratti di corda ai Milanesi!...

La contessa fa un moto per alzarsi: le cade una
giarrettiera. Torresani si curva a raccoglierla.

TORRESANI.

La giarrettiera....

ASTORRI
rapido si china, e gliela contende.

Spetta a me!

TORRESANI
curvo con Astorri ai
piedi della dama.

Sbagliate,
primo l'ho colta!

ASTORRI.

Anch'io!

CONTESSA SAMOYLOFF ridendo.

Non dilaniatevi!
Sarà di chi la vince....

PACHTA.

Sì, giocatela!

TORRESANI.

Accetto!

L'Astorri tace, turbato.

CONTESSA SAMOYLOFF.

E quale ne sarà la posta?

PACHTA.

La loro borsa, senza dubbio....

ASTORRI pallido.

Ma....

PACHTA.

Don Agide, sareste forse a un tratto, divenuto spilorcio? Non è un anno, che per cenare con Maria Brambilla, perdeste contro il principe Trivulzio due superbi stalloni....

ASTORRI titubante.

È quel ricordo appunto.... La disdetta mi persegue.

TORRESANI
getta con disprezzo il suo portafogli, sopra un vassoio d'argento.

La mia posta....

ASTORRI
irosamente, risolvendosi, lo imita.

E la mia!

Contessa Samoyloff.
> Vera, a un cenno della contessa, porge una scatoletta di cristallo coi dadi, che vengono tratti dai due gentiluomini, e lanciati sul vassoio d'argento.

Qui!

Pachta *osservando*.

Siete in perdita, voi, don Agide.

Astorri livido.

Che?...

> Dominandosi.

Ve lo dicevo!

Torresani
> osserva la preda, e ne estrae una polizza di cambio.

Oh, ventimila lire!

Pachta.

Quali somme portate a torno!... E si diceva — male lingue! — che vendevate le cascine....

Torresani
> porgendo la polizza alla Contessa, con uno sguardo ironico all'Astorri.

Ecco il dono comune!... So d'un vostro perenne assillo: le sei mute bianche da caccia, di Bathyani. Egli le vende ad un prezzo di stima....

CONTESSA SAMOYLOFF
con gioia, prende la polizza,
e la chiude, in uno scrigno.
Oh grazie! accetto.
Entra il maggiordomo.

SCENA QUARTA.

Il Maggiordomo e detti.

Il Maggiordomo alla contessa.
Eccellenza, nell'atrio attende un domino
nero.... Entrò, mentre i servi s'abbigliavano....

Contessa Samoyloff.
E cacciatelo via!

Il Maggiordomo.
Cotesto domino
volle introdursi....

Contessa Samoyloff
voltandosi stupefatta.
Volle? in casa mia!
E osate di ripetere....

Il Maggiordomo.
Ma....

Pachta.
Un pazzo
sarà....

CONTESSA SAMOYLOFF.
È una donna o un uomo?

IL MAGGIORDOMO.
A quanto pare dalle forme.... è una dama. Essa mi ha chiesto se don Agide Astorri è qui.

CONTESSA SAMOYLOFF
fa squillare una risata.
Che diamine! vi cercano persino in casa mia.... Ma come fate a satollarne tante?

PACHTA ridendo.
Ha un serraglio don Agide.

CONTESSA SAMOYLOFF.
È l'estremo dell'impudenza.... confessate.... A forza penetrare le soglie per cercarvi.

ASTORRI tediato.
Davvero non saprei.

CONTESSA SAMOYLOFF.
Qualche gelosa abbandonata....

ASTORRI muovendosi.
Un attimo, vi prego.

CONTESSA SAMOYLOFF.
Ah no!.. Se voi volete contemplarla;

io v'invidio tal gioia.... Ch'essa salga!
Sono nel mio diritto; ma vi avverto
che s'è brutta, la caccio su due piedi!

> Fa un cenno al maggiordomo, che s'inchina ed esce.

PACHTA.

E se è bella?

CONTESSA SAMOYLOFF.

Giocatela!

PACHTA.

Benone!
Tanto, perdo don Agide.

> È introdotta una dama, ravvolta in un dòmino ricchissimo di damasco nero. Ha il volto ricoperto dalla bautta, e in mano un ventaglio di madreperla.

SCENA QUINTA.

DONNA ELISABETTA, ASTORRI.
La dama si arresta sulla soglia e gira lo sguardo attorno.

CONTESSA SAMOYLOFF.

Suvvia,
mia incredibile incognita, la maschera
deponete, e svelateci i misteri
che vi menano qui non invitata.
Chi siete?

DONNA ELISABETTA.

Un'ombra, nulla più.
Si dirige verso l'Astorri.

Vi prego
di seguirmi, don Agide.

CONTESSA SAMOYLOFF.

Bell'ombra,
non siamo al ballo qui, ma in casa mia.
Favorite scoprirvi.

> La dama resta immobile. Pachta le scrivola dietro, e pone la mano alla bautta. La dama dà un passo indietro sdegnosamente, e si scopre. Al collo, le splende una collana preziosissima, di fattura antica bizantina, a cinque giri di smeraldi.

ASTORRI avanzandosi.

Tu!

CONTESSA SAMOYLOFF alzandosi.

Miracoli!
Voi, donna Elisabetta?...

DONNA ELISABETTA
> lancia uno sguardo a suo marito, poi finge di sorridere, rivolta alla contessa.

Sì, nottambula!
A riprendervi io vengo mio marito.
Vi par strano che al ballo voglia io pure
essere accompagnata?

CONTESSA SAMOYLOFF.

Oh, nel diritto
vostro siete.... E d'altronde, a me non mancano
braccia di cavalieri. Non v'è rischio
per me, di restar sola.

> Pachta e Torresani si avvicinano
> alla Contessa, profondendosi in inchini, e in dichiarazioni. Donna Elisabetta si fa rapida presso l'Astorri.

DONNA ELISABETTA piano.

Qui ti trovo!
Vieni via sull'istante. Questa notte
arriverà Mazzini, in casa nostra.

> L'Astorri frena un grido e
> le afferra un braccio, con ira.

ASTORRI.

Dici da senno? via!

DONNA ELISABETTA.

Or ora è giunto
l'Albèra ad avvertirmi....

ASTORRI a denti stretti.

Tu sei pazza....
Ma chi l'ha chiesto?

DONNA ELISABETTA.

Io stessa!

ASTORRI.

Non sai?...

Donna Elisabetta.
>Vieni!

Astorri
> *dominando la sua impazienza, si atteggia a galanteria verso la Samoyloff.*

Bella sovrana, il modo non v'offenda!
Capriccio di consorte, è nostra legge.
Ci rivedremo al ballo.

Contessa Samoyloff *con ironia.*
>Anch'io lo bramo,
cuore contrito!... ma la vostra diva
vi terrà prigioniero, e vi vedremo
tutta sera danzar con la consorte
in gramaglia....
>*Gli porge la mano.*
Addio!
>*L'Astorri le bacia la mano. Donna Elisabetta si avvia diritta verso la porta. La Samoyloff s'inchina verso di lei, in atto di saluto.*

Donna Elisabetta....
>*La dama prosegue lenta verso la porta, senza volgersi. La Samoyloff si leva e le taglia la strada.*

Io porto l'occhialetto, e v'è chi porta
l'acustico cornetto, se è mai sordo.
Ve li consiglio....

Astorri
> *cercando di trattenerla.*

Via!...

DONNA ELISABETTA
imperiosa alla Samoyloff.
Datemi il passo!

CONTESSA SAMOYLOFF insolente.

Quando avrete risposto al mio saluto.

DONNA ELISABETTA
le batte il ventaglio su la faccia.
Ecco!

CONTESSA SAMOYLOFF slanciandosi.

Ah!...
L'Astorri la trattiene. La contessa rompe in un riso nervoso.
La dogaressa! L'intangibile!
Vuol dar lezioni di morale a me,
e fingere la parte di gelosa,
mentre si dà bel tempo, con l'astuzia
feroce d'una monaca spagnola;
e fa uscire di notte, come ladri,
dal suo palazzo gli amanti....

ASTORRI
con un impeto di collera.
Mentite!

CONTESSA SAMOYLOFF.

Potete interrogare i miei lacchè.

ASTORRI superbamente.

Io conosco mia moglie, e non ho d'uopo

d'accattar voci dal servidorame.
Tacetevi!
>   Esce, seguendo donna Elisabetta.
>   La Samoyloff si lascia cadere su l'a-
>   grippina, ripresa dal riso nervoso.

Contessa Samoyloff.

Marito, va!... Ora voi
sentirete, e buon gioco vi farà
narrarlo a tutti al ballo questa notte.
>   A Vera.

Chiama i lacchè.
>   Vera esce. La contessa si raggiu-
>   sta l'acconciatura allo specchio.

Adorabile, nevvero,
quella patrizia veneziana! Chiude
la superbia di tutti i Badoer,
e Venier, e Falier, delle lagune.

Pachta.

Eh quei miseri veneti insanirono,
dacchè li trafficava il Bonaparte
a Campoformio.

Torresani.

Illudonsi di vivere
ancora al tempo della Serenissima.

Contessa Samoyloff.

Avete visto quella sua collana
a cinque giri di smeraldi, grossi
come uova di struzzo?... Ebbene, un giorno
le chiesi d'onde l'ebbe.... Essa rispose:
— Venne a noi coi trofei dell'oriente,
e ornò le imperatrici di Bisanzio.

La portarono i vecchi, e Badoera
fu chiamata.... — E qual prezzo ne chiedete? —
La dogaressa impallidì e rispose:
— Un regno! — Io ruppi in risa, ed essa allora
con quell'aria stupenda, di regina
di Cipro, mi gettò queste parole:
— Noi si regnava sovra tutti i mari,
mentre i russi rampavano sugli alberi,
e i duchi d'Austria, su le nostre porte
chiedevano elemosina.

PACHTA ridendo a cachinni.

Delirium
ih! ih!... *iperistericum, profundum!*
direbbe il grande Mesmer....

Entrano i quattro lacchè. I cachinni
del conte raddoppiano, accompagnati dal riso grasso del Torresani.

SCENA SESTA.

I LACCHÈ e DETTI.

I quattro lacchè mascherati, restano al fondo, in posizione curva e rispettosa.

PACHTA.

Ma che musi!
ma che bei musi!
Li ravvisa a uno a uno.
Avanti!... Questi dunque,
è l'illustre poeta fiorentino
Dante Alighieri, che cacciò all'inferno

i suoi concittadini.... Aveva spirito!
Ma la razza degenera. In tua vece,
sai chi scrive poemi? Un tale Giusti,
rigattiere di Pescia.... E tu, o divino
Vecellio? Ti daremo quattro talleri
per lucidare agli ussari le scarpe....

    TORRESANI squadrando il terzo.

E questi dalla coda e dal tricorno?
M'è nuovo tale ceffo.

    PACHTA.

   Egli è il filosofo,
autor preclaro della *Scienza Nuova,*
il rivoluzionario del pensiero,
Vico Giovan Battista, da Partenope.

    TORRESANI guardando il quarto.

Questo lo riconosco: è Giulio Cesare!

    PACHTA.

Che in Bonaparte fece di sè conio....
Ah che successo al ballo! Son magnifici!

    CONTESSA SAMOYLOFF ai lacchè.

A tono rispondete. Chi di voi
sa il nome di quell'uomo, che di notte
usciva dalle stanze e dal palazzo
di donna Elisabetta Badoer?

    GIULIO CESARE
      fa un passo timidamente
      innanzi, e risponde, restan-
      do sempre a testa china.

Eccellenza, per più d'un anno addetto

fui al servizio degli Astorri.... e posso
testimoniarlo: un giovine signore
s'introduceva spesso a giorno chiaro
e a notte, presso donna Elisabetta.
Uno studente egli era.... ricco assai.
Portava un *incroyable* alto due metri,
sui capelli ricciuti.... e da Pavia
giungeva d'improvviso....

   CONTESSA SAMOYLOFF agli altri.

     Voi sentite!
E il suo nome?

   GIULIO CESARE.

   Di nobile casato:
Fedele Bono si nomava: e spesso
entrava pel giardino, con segreta
chiave.
   Il Torresani diviene d'improvviso cupo e concentrato. Si avanza parlando lentamente.

   TORRESANI.

  Fedele Bono! Non m'è nuovo
tal nome.... Esso figura nei verbali
d'un cadetto arrestato.... La memoria
non m'inganna....

   PACHTA sbalordito.

  Oh possibile, barone?

   TORRESANI.

La matassa si arruffa....

CONTESSA SAMOYLOFF.

E che pensate?

TORRESANI piano.

Cara contessa, penso che nei tempi
che volgono, può invece d'un amante,
celarsi qualche bel cospiratore....

CONTESSA SAMOYLOFF ridendo.

Oh non credo!

TORRESANI
accennando a Giulio Cesare.

Egli stesso può chiarirlo.

A Giulio Cesare.

Vi accadde senza dubbio qualche volta,
di sorprenderli, stretti in un colloquio
intimo....

Giulio Cesare non capisce.

Per esempio, un bacio, un grido?

GIULIO CESARE.

Oh Eccellenza, nessuno mai li vide.
Serravano le porte.... E son massicce,
tutte a ghirlande di pesante bronzo.
Io tentai qualche volta un orifizio;
ma il coltello smussavasi.... Il palazzo
è vecchio e duro come una fortezza.
Anche le porte sono sorde e cieche.
Chi sa quanti misteri!

TORRESANI.

    E perchè mai
vi scacciarono?

  GIULIO CESARE.

  Me?

  TORRESANI.

  Sì.

  GIULIO CESARE con dignità offesa.

    Ma, Eccellenza,
io non fui già scacciato! Me ne andai,
perchè non si scialava più là dentro.
Si misurava il vivere, assai peggio
che dentro una caserma o un monastero.
Non già fosse don Agide! Il danaro
non gli prendeva muffa tra le mani.
Ma donna Elisabetta era per tutto,
come un'ombra..... Qui invece.... si largheggia.

  PACHTA.

E si ruba, eh?

  GIULIO CESARE.

  Dio liberi, Eccellenza!

  TORRESANI
      con uno sguardo
      d'intesa al Pachta.

Fedele Bono....
      A Giulio Cesare.

  Ov'è la sua dimora?

GIULIO CESARE.

Al Portello, Eccellenza.

TORRESANI prende nota.

Mi dispiace,
cara contessa, il ballo se ne va!
Prego il conte d'offrirvi i suoi servigi
in mia vece.

PACHTA profondendosi.

Felice, beatissimo!

CONTESSA SAMOYLOFF.

Ma pel duca di Modena?

TORRESANI affrettandosi.

Sa già!
A lungo gli parlai.... Quel vostro volto,
quella persona sola.... e cento punte,
come san Sebastiano, colpiranno
l'inerme petto di Sua Altezza.

CONTESSA SAMOYLOFF.

Duolmi
veramente!

PACHTA.

Ma il ballo, fino a giorno
durerà.... Non potrete?

TORRESANI.

Sì e no!

Alla contessa Samoyloff.

Perdonatemi, quando una penombra

di congiure mi avvolge, la mia mente
come un polledro sanguigno s'impenna,
e si slancia a inseguire, corpo od ombra
l'ignoro, quella traccia di mistero....
È l'arte, l'arte.... Polizia segreta
è un'arte sottilissima che avvince,
ed è gelosa d'ogni contrattempo.
Chi sa? Forse verrò.... *Dulcis in fundo....*
Prima, le cose amare!

> Esce, dimenticando il frustino. La contessa Samoyloff indossa un mantello a strascico tempestato di mezzelune d'oro.

PACHTA
> vede il frustino del Torresani, lo prende, chiamando:

Torresani!

> Nessuna risposta. Pachta agita il frustino, sui lacchè che stanno sulla porta, di fronte a lui, impalati a guardarlo.

Voi che fate? impalati come mummie!
Poltroni, in riga, a passo militare!
A destra, due per due: *ein, zwei*....
A sinistra, per uno: *ein, zwei*....

> I quattro lacchè eseguiscono; e in mezzo a loro, il conte Pachta esce, dando il braccio alla Samoyloff, dalla porta centrale.

ATTO SECONDO.

La stessa notte, nel palazzo Astorri. Un'ampia sala, stile Impero, dalle tappezzerie scolorite, con balcone a destra, e porta centrale di marmo, su cui spicca il grande stemma, che porta la treccia e la tomba, di Alberto da Giussano. La sala è buia: la centrale aperta. Sulla tavola di quercia, una grande lampada. Da un orologio a pendolo, sormontato da un'aquila napoleonica, scoccano le due del mattino.

Quando si alza la tela, appare dall'atrio in ombra, la luce di una lanterna. Entra per primo Ambrœus, che veste la livrea verde e nera con alamari degli Astorri. Lo seguono donna Elisabetta e don Agide, che porta il domino sul braccio. Ambrœus accende la lampada e si ritira. Donna Elisabetta lascia càdere il domino, sul divano di raso bianco, che è presso la tavola, e chiude il volto tra le palme, muta, nella luce della lampada. Sulla veste nera, brilla la grande collana bizantina.

SCENA PRIMA.

Donna Elisabetta. – Agide Astorri.

    Astorri
     sbuffando, si avvicina a donna Elisabetta, appena uscito Ambrœus.

Ed ora che siam soli, mi dirai
che misteri tu addensi, che procelle
minacci su di noi....

    Donna Elisabetta senza volgersi.

      Oh t'era lecito
interrogarmi prima, perchè Ambrœus
che ci seguiva, sa quanto tu ignori.

    Astorri.

Prima di me? Tu sei impareggiabile....
Ma chi comanda qui?

    Donna Elisabetta
      calcando su le parole.

      Chi è sempre assente
non può certo dar ordini.

ASTORRI
la guarda, poi crolla le spalle
Da un pezzo
solo un ordine ho dato: di lasciarmi
vivere in pace! Come? Non ti basta
di ricevere il giorno teste scariche,
ma fin di notte le accogli, adescando
le ciarle dei lacchè.... Poi, come un fulmine,
m'introduci qui in casa anche Mazzini!
Ma non sai che un editto ha condannato
per alto tradimento, chi appartiene
alla Giovine Italia?

Donna Elisabetta.

Per ciò appunto
credetti nostro vanto e dover nostro,
spalancare le porte, con l'antica
tradizione ospitale....

Astorri.

Tu ragioni
come quando vagivi nella culla,
sul Canal Grande.... Un'oncia di saggezza
non guadagnasti in trent'anni....

Donna Elisabetta dominandosi.

Ma dimmi,
t'era estraneo Mazzini? Sono appena
tre anni, e insieme, a Genova, l'udimmo
nella piccola casa.... Ti esaltasti,
gli promettesti aiuto, non ricordi?

ASTORRI.

Sì, l'udii con stupore.... In mezzo a tante
pecore, quell'accolta di fanciulli
temerarii, mi piacque. Egli, i Ruffini
e Imperiali, odoravan di collegio
a tre miglia distanti; ma citavano
Foscolo, e mi commossi. La poesia
piace a tutti; ma quando prende aspetto
di gente che cammina e che congiura,
ho il diritto di dire: — Olà, ragazzi,
non facciamo follie....

DONNA ELISABETTA
con un tremito nella voce.
Tu dunque adesso
avresti ardire di serrargli in faccia
le porte.... ora che tutti sanno....

ASTORRI *con stupore.*
Tutti?
e chi dunque?

DONNA ELISABETTA.
Ma tutti gli affiliati:
Rosales, Bono, Belgioioso, il conte
di Rovre.... anche Imperiali....

ASTORRI.
Anche?...

DONNA ELISABETTA.
È venuto
da Genova.... Tu vegeti là dentro
e non sai nulla, e nulla fai!

ASTORRI
siede, gingillandosi coi ciondoli.
È quanto
oggi di meglio si può fare, il nulla!
Se nulla faccio, niuno si lamenta.
Tu invece rischi per castelli in aria,
la vita tua e degli altri, senza scopo;
perchè non riuscirete che a cozzare
con la punta del naso nel capestro.

DONNA ELISABETTA.

Si direbbe che l'elsa d'una spada
tu non abbia sfiorato mai....

ASTORRI sdraiandosi sul divano.

Che c'entra
questo? Non voglio gettar via la vita
per l'inutile....

DONNA ELISABETTA.

Ed era utile, forse,
battersi in Russia per l'Impero?

ASTORRI.

Certo!
Prima di tutto, noi si combatteva
per avanzar di grado — ne sia prova
mio padre generale —: poi, pel gusto
di cambiar di paese; aggiungi ancora,
la gioia di stravincere.... Era bello!
Ma dacch'è sulla terra scritto il nome
d'un sepolcro, Sant'Elena, chi mai
può combatter con l'Austria? Meneghino?

Son bolle di sapone, colpi al vento,
non giova a nulla.

Donna Elisabetta.

Gioverà, io spero,
a trarti dalla vita in cui ristagni.

Astorri.

Io vivo come gli altri. Sulla strada
non hai sentito il grido di Milano?
" Viva la Francia, viva la Spagna:
basta che si magna! „

Donna Elisabetta.

Io sono veneziana, e fino a ieri
guidammo il mondo col guinzaglio. Tu
puoi curvarti, non io....

Nasconde il volto in lacrime.

Oh nulla nulla!
Fu un sogno il mio d'amore forsennato,
non eri chi cercavo. Come tutti,
tu sei nato a servire.

Astorri.

Ho il senso pratico,
che a te manca, il reale, non le fisime!

Donna Elisabetta *dolorosamente*.

Come diverso ti vedevo un tempo!
Mi comparisti innanzi il primo giorno
— sono dieci anni! — di beltà raggiante,
forte siccome un Dio, nella penombra

del Palazzo dei Dogi.... Sul mio cuore
passò un turbine. In corsa ti pensai
là sulla Beresina, e strepitava
l'aquila dell'Impero sul tuo capo.
Non fosti alfiere a sedici anni, e a te
non rise il Còrso coi tremendi sguardi?
Ti seguii trasognata. — Ecco, dicevo,
a che servì l'Imperatore, a darci
queste braccia di ferro. — Ti ricordi,
la prima notte d'amore, che mai
mi narrasti? che quando spersa ai venti
l'ultima schiera fu del Regno italico,
del reggimento tuo bruciasti l'aquila,
bevendone le ceneri.... ed allora
mi avvinsi a te fremendo, e in quella luce
fui tua....

     L'Astorri si fa torvo e chiuso.

  Ma poi? la Corte, gli Arciduchi,
il Toson d'oro, la Corona ferrea,
tali insegne di schiavo trascinasti
tra i belletti e le ciprie.... Fui costretta
a sottrarti i miei figli, Margherita,
Decio, per riscaldarli in mezzo ai monti,
con l'anelito solo del mio cuore.
Non fui gelosa; non per la miseria
della carne mi macero; neppure
per le nostre ricchezze che disperdi,
ma per l'anima tua, che vorrei tutta
data alla nostra fede.... e d'ora in ora
tu diventi più schiavo, più straniero!

     ASTORRI piegato su sè stesso.

E perchè son io fatto a questa guisa?

Chi mi donò tal sangue? Dentro l'ossa
mi serpeggiano secoli di celie,
d'onta, di servitù.... Chi ci solleva?
Dai vincitori di Legnano, via
traverso il tempo, pullulò la schiera
degli eroi di Parini incipriati.
Siam lor nipoti: nelle stesse sale
rinnoviamo le imprese stesse: solo,
qualche colpo improvviso di pistola
cala il sipario; uno di noi, che scrive
accanto al nome dell'Ortis, il suo.
Sì, vivemmo un istante! Sulle braccia
come fanciulli, ci levò nel sogno
l'Imperatore, e ci dischiuse mondi
di libertà e di forza, innanzi a noi
come un Dio dalla creta, liberando
la maestà dell'uomo, nel fulgore
delle battaglie, nei galoppi immensi,
tra il crollare di popoli e di troni.
Credemmo allora di poter tracciare
con la feroce punta della spada,
un nome nuovo all'universo: Italia.
Ma poi, silenzio.... Spento il sogno, al nostro
ridestarci, la cenere ci avvolse
e l'oblio.... Cospirate? A che? Le vostre
macchinazioni son simili al breve
scintillio, fra i rottami d'un incendio
seppellito per sempre. Oh meglio, meglio
finire come Jacopo! La feccia
noi siamo d'un liquore generoso.
A che si vive? Dal buio del nulla
balziamo su, vestiti d'ossa e polpe,
per ripiombar nel nulla....

Donna Elisabetta.

La materia,
null'altro! Tale è il verbo, che di Francia
avvelena la vita.

   Entra frettoloso Ambrœus, dal fondo.

SCENA SECONDA.

Ambrœus e detti.

Ambrœus.

El sciur marchese
di Rosales, con altri *sciuri*....

Astorri
    levandosi, a Ambrœus
    e a donna Elisabetta.

Senti,
da che si è in gioco, bada che l'invito
venne da me a costoro. La mia casa
s'apre per mio volere.

   Ambrœus si frega calorosamen-
   te le mani, senza dir sillaba.

Donna Elisabetta.

Alla buon'ora!

    Esce Ambrœus.

Astorri.

Così, invece che a Stresa, passeremo
nelle fosse di Mantova l'autunno....

DONNA ELISABETTA.
Le preferisco per mio conto.

ASTORRI.
Bella villeggiatura!

Entra il gruppo fastoso dei gentiluomini.

SCENA TERZA.

Il MARCHESE DI ROSALES.
Il PRINCIPE IMPERIALI. – Il CONTE DI ROVRE.
IL PRINCIPE BELGIOIOSO.

Vestono costumi all'ultima moda del '30, con cappelli *incroyables* dalle larghissime tese, e calzoni ampi a righe; portano mazze d'oro e d'argento, panciotti di *cascemire*, ciondoli, altissimi colletti, cravatte sfolgoranti. Rosales, il più fragoroso, ha una sottile benda di seta nera traverso la fronte; e Imperiali, giovine quanto lui, appena trentenne, ha un polso fasciato. Di Rovre è il più grave; ha varcato la quarantina come l'Astorri. Belgioioso ha un domino sul braccio. Sembra esser uscito allora dal ballo, e ha l'aria tediata. Tutti si precipitano verso don Agide, con estrema meraviglia e festosità.

ROSALES
lasciando cadere il magnifico ferraiolo.

Agide, tu qui?
Di qual santo il miracolo? Mi balzi
decisamente a cospirare....

L'Astorri li accoglie alquanto imbarazzato, rispondendo alle formidabili strette di mano.

IMPERIALI.

      Ed apri
la tua casa....

  BELGIOIOSO.

 Per primo!

  DI ROVRE.

       Sei già ascritto?

  ROSALES.

Chi t'ha iniziato alla congrega?

   DONNA ELISABETTA pronta.

        Albèra.

   ASTORRI rassegnato.
Ecco!

   DONNA ELISABETTA agli altri.

 In ritardo siete....

   ROSALES.

    Si, per colpa
di Belgioioso....

   BELGIOIOSO.

   È vero: io non sapevo.
Mi reco al ballo; e morto dalla noia,
esco: quando tre ombre mi circondano,
tutte inferraiolate.... Eran costoro!

ROSALES.

Abbiamo atteso gli altri; ma danzavano,
e ci siamo affrettati.

DONNA ELISABETTA.

Mi stupisce
che non sia qui Fedele Bono.... E Albera
dov'è?

DI ROVRE.

L'abbiam lasciato in sentinella
a Porta Comacina.

ROSALES preziosamente.

Ebbene, l'alto
Consesso, il Firmamento, gl'Incredibili,
i Maestri Perfetti della Giovine
Italia, ora siam noi, perchè presenti:
peggio per chi non c'è!
Indicando Ambrœus, che
sta immobile sulla porta.
Rappresentante
di parte popolana, basta Ambrœus....

DONNA ELISABETTA al servo.

Fatti innanzi! Non sai che tutti eguali
son gli affiliati?

IMPERIALI
col monocolo inca-
strato nell'orbita.
Principi e plebei

sono granelli della stessa gleba
italica.

DONNA ELISABETTA
> rivolta sempre a Ambrœns, che ascolta confuso.

Ben più di cento ascritti
noi gli dobbiamo, in tutte le contrade.
Fa proseliti ovunque.

> Passano voci e persone per la via. Donna Elisabetta si arresta.

Tsst....

> Il rumore si allontana.

ROSALES
> accendendo il sigaro, e traendo ampie volute di fumo.

Mi piace!
è temerario Mazzini.... Egli sfida
tutte le polizie, con due condanne
a morte che gli pendono sul capo.

IMPERIALI.

Se ci colgono qui, corriamo tutti
la stessa sorte.

ASTORRI
> battendo la mano sulla spalla d'Imperiali.

Si, caro Imperiali!

DONNA ELISABETTA
> rapida, troncando.

Ci giunse nuova della vostra fuga
da Genova: un romanzo!

IMPERIALI togliendo il monocolo.

Oh, bagattelle!
A sera tarda rincasavo, ed ero
senza sospetti; quando, nell'androne,
odo suono di voci e sproni: i birri!
Senza esitare, giro nella toppa
la chiave, e dentro tutti li rinserro:
prendo la strada a perdifiato; al porto
giungo, mi caccio a nuoto, e in un baleno
mi trovo a bordo d'un battello inglese.
Laggiù ancora mi cercano....

ASTORRI al conte Di Rovre.

E in Piemonte,
quali nuove, Di Rovre?

DI ROVRE.

Si fucila!
Se non uscivo presto, ritornavo
a contare le sbarre, come ai tempi
allegri del Ventuno. L'itterizia
non mi seduce, e son partito insieme
al mio Fabrizio, il piccolo lupatto.

DONNA ELISABETTA
al Rosales, osservando la sua benda.

Che avete fatto, Rosales?

ROSALES.

Chiedetelo
al principe Imperiali, qui presente.
Mi ferì l'altro giorno....

Donna Elisabetta.

  E che? Un duello?

Rosales.

Provocato da lui....

Imperiali.

  Ma figuratevi!
Cimenterebbe i santi. Sosteneva
che la contessa Samoyloff è il tipo
della donna romantica....

Rosales.

  Ma sfido!

Belgioioso

Sì, come lady Ellenborough, che dopo
cinque mariti presi nell'Europa,
cercò il sesto nell'Asia, ed impalmava
uno sceicco arabico.

Imperiali.

  Rosales
battezza questa fregola, perfetto
amore, sete d'ideale.

Rosales.

  E ancora
lo sostengo.... Di Rovre e Astorri, voi
che d'un decennio ci avanzate, dite
se vi fu tale esempio nell'Impero.

Allora si viveva per godere,
beati dell'istante, nulla più.
Ora siamo romantici, e insaziabile
l'anima nostra va di bene in bene.
L'ideale ci affascina.... ed appunto
anche fra noi la Samoyloff....

ASTORRI.

Tu scegli
a meraviglia.

IMPERIALI.

Sete d'ideale,
avventuriere di tal fatta!

ASTORRI.

Tipi
della donna romantica le chiami?

ROSALES
gestendo largamente, scintillante di anelli, fra volute di fumo.

Anime insoddisfatte tutte quante,
cercano la passione, che ricolmi
tutta la vita, dedizione intera.
Non si trova....

IMPERIALI agitando la canna.

E si cambia!

ASTORRI con ironia all'Imperiali.

E per te dunque,
quale sarebbe questo eccelso tipo
della donna romantica?

IMPERIALI scattando.

    La Spinola!
voi, donna Elisabetta; la contessa
Fracavalli, la Sidoli, le nuove
amazzoni del rischio e del mistero,
tutte le carbonare Giardiniere.

  DONNA ELISABETTA.

Romantiche? Che lusso di parole!
Chiamateci italiane, e nulla più!
Un duello per questo?

    IMPERIALI.

      Trascendeva,
e ci azzuffammo.... Giudizio di Dio!
Lo dice quella benda.

    ROSALES.

      Ma tu pure
hai traccia del mio ferro.

    IMPERIALI
      mostrando il polso fasciato.

     Giudicate
dei due bracci dal colpo. Nella palma
mi ferì....

    ROSALES.

   Gioco stretto! Me lo disse
anche Luigi Bonaparte.

    IMPERIALI ironico.

     A scuola
di fioretto va ancora il Bonaparte.

Donna Elisabetta *al Belgioioso.*

E voi pure sciupate cosi il tempo,
principe di Barbiano Belgioioso?

Belgioioso

*che finora si è fatto
vento, con un piccolo
ventaglio di madreperla.*

Il tempo sciupà me. Lotta a coltello
con la noia.... Oh, ebbi lettera da Lione,
di Cristina.

Rosales.

La sfinge dei Trivulzio,
dagli occhi tenebrosi....

Donna Elisabetta.

E che vi dice?

Belgioioso.

Vide Mazzini a Marsiglia. Prepara
— ella scrive — un'impresa a mano armata.

Imperiali.

Un'altra spedizione! È proprio il tempo!

Belgioioso.

Sforzi sprecati. L'altro giorno appunto
don Alessandro mi diceva: Al tempo
lasciate il corso....

Rosales.

Citami il Manzoni
se vuoi ch'io cambi avviso. M'è indigesto!

L'intera commissione di censura
s'addormentò, leggendo il *Carmagnola*....
Per mio conto, se voglio appisolarmi,
apro i *Promessi Sposi*....

Donna Elisabetta.

Invece io piansi
nel leggerli. Non v'è cosa più semplice
nè più bella.

Rosales.

Eh le donne rendon bello
ciò che toccano!... L'*Ortis* e i *Sepolcri*:
e basta, a mio parere!

Si arruffa i capelli alla foggia del Foscolo, e declama con enfasi.

" Il navigante
che veleggiò quel mar sotto l'Eubea,
vedea per l'ampia oscurità, scintille
balenar d'elmi e di cozzanti brandi;
fumar le pire igneo vapor, corrusche
d'armi ferree, vedea larve guerriere...., „

Astorri.

Basta! sei gonfio come un temporale.

Rosales.

È il furore apollineo!...

Gli si avvicina piano.

La Russa
ti addolcisce le reni....

Astorri *afferrandolo.*

Non i polsi!
Rosales si divincola. Gli altri ridono. D'un tratto di lontano, si ode giungere un canto. È un coro lento, grave, di gente che cammina. Tutti tacciono, in ascolto. Donna Elisabetta accorre al balcone. Il canto si avvicina. Si odono le parole, chiare, lente.

" Minaccioso sugli occhi il ferro splende,
la miseria è in agguato innanzi a noi....
Ma dall'alto la strada giù si stende.
Dove, o Signore, incamminarci vuoi?

Si avvicina sempre più.

" Senza riposo innanzi ognuno vada.
Andate, andate! grida quella voce.
Chi soffrir deve, vada alla sua croce....
E chi deve morire alla sua spada „.

Un colpo alla campana del palazzo. Esce Ambrœus. Il coro si allontana, riprendendo, in minore, il canto, che si perde a poco a poco. Tutti sono in piedi immobili, trattenendo il respiro. Entra Ambrœus di corsa, ansante, trasfigurato.

Ambrœus.

È lui!...

Gli altri *sommessi.*

Mazzini!...

Donna Elisabetta
con un impeto di liberazione e di gioia.

Finalmente, è giunto!
Tutti sono rivolti alla centrale.

SCENA QUARTA.

Una figura avvolta in un mantello, coperta di polvere dalla testa ai piedi, appare sulla soglia. È Mazzini, pallido, spossato. Tutti lo circondano, muti di commozione.

MAZZINI *tendendo le braccia.*

Ora!

TUTTI *afferrando le sue mani tese; sommessamente.*

E sempre!

Mazzini, abbandonando il mantello, si lascia cadere sopra una sedia. Dalla sua stanchezza traluce una gioia convulsa. Mostra appena ventisette anni. La sua veste è quella dei ferrai dello Spluga.

ROSALES.

Sei pallido, sfinito!

IMPERIALI.

Che veste è questa, dimmi?

ROSALES *rapidamente.*

Quale strada hai battuta?

DI ROVRE.

Nessun sospetto?

BELGIOIOSO.
                        Un colpo
temerario!
            ROSALES.
    Racconta dunque.
            DONNA ELISABETTA.
                        Tregua
lasciategli e respiro.

            MAZZINI con passione.

    Non le forze
mi mancano.... Il vedervi a me d'intorno,
il ravvisarvi, m'inebbria, mi trae
da me stesso.... Di tutti qui vi porto
il saluto, degli esuli fratelli.

            IMPERIALI.

Ma come hai fatto?

            MAZZINI
                rientrando in sè, lento dapprima,
                e poi illuminandosi nel volto.
    È il mio segreto.... Niuno
mi scopre mai.... Un carico di ferro
partiva dallo Spluga.... Voi sapete
che affiliati son tutti alle ferriere.
Mi travestii da fabbro, un passaporto
ebbi dei loro, e venni via....
                                    In ascolto.
                        Sentite,
cantano ancora.... come là sul monte.

Donna Elisabetta.

Qual vita si fa qui! Dorati ferri
ci costringono i polsi, e il tempo lento,
taciturno, i ricordi seppellisce
e i propositi....
   Addita il domino e la bautta.
Maschere, guardate!

Astorri.

Che sogni tu di fare?

Rosales.

    Qualche via
per sollevarci ti è nota?

Imperiali.

     Un'idea
nuova, feconda, mostraci!

Belgioioso.

    Sappiamo
che un'impresa tu mediti....

Mazzini
non obbedendo che al suo fremito ardente di speranza e di giovinezza.

   Per questo
io son giunto.... Ci occorrono le braccia
di tutti i nostri.... uomini e danaro.
Voi potete versare un fiume d'oro
all'impresa. Ho promesso che non solo,
sarei tornato a Ginevra. Arduino,

Allemandi, Manfredo Fanti, Carlo
Bianco, Orsini, vi attendono con me,
con Modena, Ruffini, tutti, tutti....
Ma siam poveri, e grande è il nostro sogno!

Astorri.

Parla dunque!

Rosales.

All'oscuro siamo. Ciani
a Lugano mi disse: Siate pronti!
Null'altro....

Mazzini.

Si, ascoltate. Agire, agire
è necessario, ovunque, ad ogni costo.
Cacciamo il dente, dov'è qualche presa!

Astorri.

Dove?

Di Rovre.

Dove?

Mazzini.

In Savoia!

Di Rovre *di scatto*.

Là? È una rocca
incrollabile tutta la Savoia!

Mazzini.

V'ingannate! È la leva, il cuneo, posto
fra tre popoli; occorre sollevarla.
Dilaterà un incendio! Essa è contesa
come un camoscio da tre parti, e freme.

Inviati d'Annecy, di Bonneville,
di Chambéry, d'Evrac, vennero a noi
per maturare una rivolta. Tutti
gli esuli sono là raccolti, il fiore
di Polonia, Germania ed Ungheria....

     Astorri.

Ma come?

     Di Rovre.

  Quali mezzi?

     Rosales.

      Con che piano?

     Mazzini.

Si formano le bande.... Da due parti
si marcia a Saint-Jullien, si prende il ponte
della Caille...., s'accende il Faucigny....
Tutta Savoia balza in armi; e allora
Giulio Bastide avventa dalla Francia,
i suoi repubblicani a sostenerci,
e Fazy da Ginevra, le milizie
elvetiche.... Si arrendon le fortezze
agli insorgenti.... Contro la rivolta,
che potrà Carlo Alberto? Le sue schiere
rifiuteranno d'investirci, e allora
noi grideremo al Re: Finì la nera
notte.... Togli la maschera.... Con noi
sprona il pigro cavallo sul Ticino,
o travolto sarai dalla corrente
col trono infranto. Ed egli ondeggerà,
starà muto; ma forza sovrumana

sorgerà, reni tese, a trascinarlo,
la Rivoluzione alla sua briglia!

> Tutti hanno seguito, in preda a contrari pensieri, il disegno di Mazzini, enunciato con febbrile esaltazione, con fede cieca. Appena le sue parole si arrestano, gli altri si staccano da lui, d'ambo i lati. Si vede chiaramente che essi sono contro di lui. Presso a Mazzini, fermi, fidenti, non stanno che due figure formanti gruppo, donna Elisabetta e Ambrœus. Essi *sanno* che il suo pensiero deve trionfare.

DI ROVRE scatta per primo.

È un'impresa da folli! La Savoia
fedele al trono è da secoli.

MAZZINI.

No!
io vi dico ch'è in armi, e che ci attende.

DI ROVRE.

Il Re non cederà la propria culla,
il germe del suo sangue e del suo regno.

MAZZINI.

S'egli nega seguirci, avrà l'esilio.
Procederemo noi, guerra per bande!
Piemonte e Lombardia ci seguiranno.

> Astorri leva la testa meditabondo. Tace.

DI ROVRE.

Sogni, sogni!

TUMIATI, *Giovine Italia*.

BELGIOIOSO.

Follie!

ROSALES.

Nuove sconfitte!

IMPERIALI.

Tribunali!

BELGIOIOSO.

Galere e forche....

DI ROVRE.

Ancora
a Genova, a Torino, a Chambéry,
si condanna, si giudica e fucila.
Dimentichi Alessandria? È ancora rossa
del sangue di Vochieri.

MAZZINI
sempre più acceso e ardente per l'opposizione.

No, fratelli!
non dimentico, no, ma mi ricordo.
E l'azione è vendetta....

DI ROVRE.

Ma attendiamo!

ROSALES.

Non è suonata l'ora.

IMPERIALI.

Si proceda
nel lavoro segreto....

BELGIOIOSO.

A lenti passi!

IMPERIALI.

Passi di lupo, fratello.... Noi tutti
ci agguerriamo in silenzio.

ROSALES.

Ed invisibili
ad ogni sguardo, stocchi, carabine
s'introducono qui, giorno per giorno,
libri, proclami.... Ne ho pieni i granai
a Porta Comacina.... Si prepara
il terreno, che diamine! Aspettate!

DI ROVRE.

Aspettiamo!

MAZZINI
fremente per l'ostacolo, che ingrossa innanzi a lui.

No, no!... ora vi dico
urge un esempio, un atto che sollevi
le braccia abbandonate, e che dimostri
che fede e forza son di ferro in noi....
Ma se brucia la terra!... Non sentite?
Già per tutta Liguria si cospira....
Parma, Romagna, Brescia, Valtellina,
attendono un sol cenno a divampare.
Tutte le valli alpine, in una rete
di vedette, di scolte, ha rinserrato
un uomo solo, Gabriele Rosa:
un uomo, un uomo! E da Napoli gridano

Pier Silvestro Leopardi ed i Poerio,
perchè si accorra. Ben sessantamila
carbonari, Giovanni La Cecilia
ci assicura di là. Capua, Salerno,
Aquila, con le Puglie, la Calabria,
insorgeranno con noi.... Riusciremo?
E che importa saperlo? Più dei vivi
giovano i morti per la libertà.
Anche vinti, da noi nascerà fuoco
per gl'ignavi d'Italia....

    Di Rovre.

      Ma se è frolla,
la giovinezza d'oggi, ed impotente,
guasta, corrotta, come nel Ventuno.
Che vuoi farne? Bagasce profumate
son questi sbarbatelli, nulla sanno
iniziare....

    Mazzini.

    Ma pronti essi saranno
a seguire.... Dal fango non son nate
tutte le grandi imprese?...

    Rosales.

      Insorga pure
Italia intera.... Ma sai dirmi dove
giungerebbe da sola, se la Francia
non la soccorra? Perciò dico: Aspetta!
Qualche sorpresa si prepara....

     Con mistero, a voce bassa.
      Io dico

che se il Re di Piemonte ci abbandona,
v'è una speranza: il duca di Nemours!

ASTORRI furioso.

Parli da senno, via?

ROSALES urlando.

Parlo da senno!
Nè sono il primo. Venne a me nel nome
del Re di Francia.... si, venne a Monguzzo
Alessandro Dumas.... Egli propose
patto d'unione, il duca di Nemours.

ASTORRI.

Alessandro Dumas, quel fanfarone!
Che c'importa di lui? Portalo a pranzo
nel tuo castello, come quella sera.
Voi non sapete.... S'eran camuffati
l'uno da Orlando e l'altro da Turpino,
in quel pranzo grottesco, paladini
del nuovo duce.... Vada a tutti i diavoli
Re Luigi Filippo e la sua corte!

BELGIOIOSO.

È vero! Basterà la vecchia nostra
cisalpina repubblica, la sola
opera santa dell'ottantanove.

DI ROVRE.

Che fareste da soli? Eternamente
ora in lotta con' noi, ora con altre
piccolette repubbliche.... Fratelli,
non disperate ancora di Torino:
Carlo Alberto....

IMPERIALI.

In tal caso, cancellatemi
dalla vostra congrega.... Del Piemonte
siamo sazii, nè Genova si rode
dai mangiatori di polenta. Quanto
per me si possa, adopro a liberarla.

DI ROVRE
*tendendo il braccio
contro Imperiali.*

Per esserne tu doge; non è vero?

ASTORRI.

Dimenticate chi può tutto, imberbi
fanciulli, chi da Napoli a Parigi,
può, battendo la terra, suscitare
armi ed armati....

TUTTI.

Chi? Sentiamo! Avanti!

ASTORRI.

Luigi Bonaparte: Eccovi l'uomo!
Egli e i Murat: col lor vessillo forse
è possibile imprendere....

MAZZINI
*piegato, convulso, con la voce
sorda e le mani nei capelli.*

E con tali
dissennati proposti, qual forza
può far una l'Italia?

Gli altri insorgono.

ROSALES.

L'unità!
eccoti all'utopia....

DI ROVRE.

Eccoti al sogno
dell'anno Mille, a Crescenzio tribuno!

IMPERIALI.

A Francesco Petrarca....

BELGIOIOSO.

Al Machiavelli!

ROSALES.

Al sogno di Melchiorre Gioia.... Orvia,
il vecchio Romagnosi non ci ascolta,
impresa folle è l'unità. Gli Stati
italici compongano una lega
di federati.

ASTORRI.

Come vuoi costringere
in un sol corpo membra disparate,
quali Piemonte, Napoli, Sicilia,
e Lombardia, Toscana con Liguria?...

BELGIOIOSO.

Pazzie!

IMPERIALI.

Pazzie! Dei secoli è il suggello.
Battano le regioni la lor strada!

DI ROVERE.

Non si posson distruggere le dighe
secolari. Sussistano gli Stati,
purchè si cacci l'Austria.

ROSALES.

Siamo pratici!
Sulla realtà fondiamoci.... A sognare
l'unità v'è un sol uomo, e sei tu quello,
perchè sei genovese, e soffri il male
di Colombo, le nuove strade!

MAZZINI
è all'estremo della sofferenza. Un
singhiozzo esce dal suo petto.
Gli altri tacciono d'improvviso.

Ah no!
non sono il solo.... V'è un morto con me,
v'è Jacopo Ruffini, che s'uccise
per quell'idea che voi negate.... e insonne
mi fa ogni notte. Con le vene aperte
m'appare e resta immobile.... laggiù....

Si arresta, come di fronte alla vi-
sione. Gli altri pendono da lui.

Credete voi che al sangue ed alla morte
potrei scagliare i miei più cari, solo
per la misera gioia di godere
qualche lega quadrata in libertà?
Non per questo combatto, non per questo
io scheletro mi feci d'un'Idea.
Altro è per me l'Italia.... Essa è una fede
incarnata, uno sforzo senza pari
verso il Futuro di Dio. Nelle mani

portiamo al mondo un nuovo verbo, quello
che la Francia non disse: l'unità
d'ogni popolo, il secolo che viene.
Profetizziamo l'èra nuova. Noi
periremo confusi nell'oblio
che attende i pusillanimi, se il cuore
non gettiamo fiammante, in alto ancora,
su, verso l'Ideale, l'Impossibile
d'oggi, ch'è un soffio del progresso eterno.
Oh passò su me pure la tempesta
del dubbio.... anch'io nell'ombra mormorai:
— E se ciò fosse una chimera? se oggi
esaurita dai secoli, l'Italia
fosse dannata a giacere, e carponi
seguire nuovi popoli più forti
e più giovani?... Anch'io, si, dubitai!
Ma innanzi a me si spalancò d'un tratto
lo Spielberg, con le carceri profonde
popolate di martiri, ed un uomo
da undici anni sepolto, sfidante
impavido la sua lenta agonia,
Confalonieri!... No, laggiù in quel buio
sepolcro di Moravia, finalmente
era nata l'Italia, e mi diceva:
— Tu sei vile che dubiti.... Egoismo
miserabile è il tuo.... Non hai compreso
la vita, ch'è missione, ch'è dovere.
Nulla per te tu sei, tutto, se avvampi
nella febbre del mondo, verso un bene
che fatalmente va di luce in luce.
Voi vi arrestate a ribadir gli anelli
delle vostre catene, le barriere
secolari.... A ritroso camminate!

Se volete procedere, spezzatele!
Non Piemonte, non Genova o Toscana,
non Lombardia o Sicilia.... ma gridate
una parola sola: Italia, Italia!
Questa mia fede che ho strappato al pianto
e al silenzio dell'anima, io la sento
più forte d'ogni ostacolo; e dovessi
io rimanere in campo con un pugno
di pazzi, in campo con Gustavo Modena,
con Orsini e Ruffini, ci faremo
impiccar per tal fede.... E se dovessi
restare io solo, ebbene, anche al deserto
la griderò, finchè dentro le vene
non mi scoppi la vita.... Ah non credete,
e negate combattere?... Oh, un'antica
verità confessate dunque: Il dubbio
generò sempre la paura....

> Un furore s'impadronisce dei gentiluomini, scattano tutti insieme urlando e **gesticolando.**

ROSALES.

Che? Paura?

ASTORRI.

Di paura a noi tu parli?

IMPERIALI.

Che paura, per Dio! Ti mostreremo
di che siamo capaci. Il tasto buono
tu batti adesso! Abbiam tutti nel sangue
almeno cinque secoli di ferro

e di battaglie, tramandate a noi
di padre in figlio!

>> ROSALES.

Ah si? Si dee combattere?
Dove? in Francia? in Polonia? in capo al mondo?
Ebbene, sia, purchè cessi tal tedio
e tali controversie.... Vuoi combattere
in Savoia? in Savoia è vero? Ebbene,
vada per la Savoia!

>> ASTORRI
>> *andando diritto a Mazzini.*

Vi farete
massacrar tutti quanti.... Ma poichè
morire è preferibile tra il rullo
dei tamburi, che a suono di campane,
contatemi fra voi. Eccomi! Tutti
verremo.

>> TUTTI in coro

Tutti!

>> BELGIOIOSO
>> *getta un portafogli sulla tavola.*

V'è bisogno d'oro?
Eccoti per le banche il nome mio.

>> ROSALES fa altrettanto.

Il castello di Sala io dò.... Duemila
luigi son qua dentro.

>> DI ROVRE come i precedenti.

E mille ancora!

IMPERIALI ripete il gesto.

Tre carichi di spezie d'Oriente.

BELGIOIOSO.

Tutti daranno, te ne sto garante:
Litta, Visconti, Melzi, Borromeo....

IMPERIALI.

Pallavicini, Cattaneo, Pareto....

>Astorri tace, rinchiuso in sè, cupo. Donna Elisabetta si rivolge a lui, ansiosa.

DONNA ELISABETTA.

Agide, e tu? Non offri il nostro aiuto
all'impresa comune?

>L'Astorri è su gli aculei. Tutti lo guardano. Vorrebbe schermirsi.

ASTORRI.

Non ancora....

DONNA ELISABETTA

>lo scruta, pallida.

Come?

ASTORRI.

Ti spiegherò....

DONNA ELISABETTA.

Che cosa?

ASTORRI.

Poi!

DONNA ELISABETTA fremente.

Che ne hai fatto? Stai muto? Parla dunque!

ASTORRI.

Ebbene, li ho perduti!

DONNA ELISABETTA
torcendosi le mani.
Dove?

ASTORRI.

In casa
della contessa Samoyloff, stanotte....
prende la mano di Mazzini.
Siam corrotti nell'ossa.... Brucia tu
l'anima schiava, fratello!....

DONNA ELISABETTA
porta la mano al seno, scioglie
la grande collana, e d'un gesto la fa cadere sulla tavola.
Prendete,
ecco la nostra offerta....

ASTORRI balzando.

No, non voglio!
Venderò la tenuta della Scala.
Quel danaro l'avrete.

DONNA ELISABETTA ferma.

Voglio io!
Trofeo di guerre venete, può forse
recar fortuna.

MAZZINI grave.

Siate benedetta!

AMBRŒUS
> che ha assistito, muto, porta una mano al volto, asciugando una lacrima. Si avanza, e pone una piccola borsa sdrucita accanto agli smeraldi, con gesto timido.

Perdonino.... se ardisco.... i miei risparmi son qui dentro.... Ho vergogna.... *Gh'è nagott*....

MAZZINI commosso.

Vedi, Agide? Esiste già l'Italia...

> In questo istante si batte alla porta; si ode la voce dell'Albera ansante.

SCENA QUINTA.

VITALE ALBERA e DETTI.

ALBERA dall'esterno.

Ambrœus!

AMBRŒUS correndo via.

L'Albera....

> Tutti attendono. Entra l'Albera agitato, col fiato mozzo. Si arresta. Gli altri l'attorniano. Non può parlare.

MAZZINI.

Tu solo? Che c'è?

ALBERA ansante.

Hanno arrestato.... un'ora fa.... al Portello....
Fedele Bono....
Tutti l'attorniano, in preda a violenta emozione.

MAZZINI
afferrandogli un braccio.

E la cagione? Parla!

ALBERA soffocato.

Perchè, s'ignora. L'ordine è partito
dal Torresani questa notte....

DONNA ELISABETTA
con voce straziata all'Astorri.

Vedi,
la Samoyloff!...

ALBERA.

M'avea lasciato allora
a Porta Comacina, e niun sospetto
dimostrava.... Trovò al Portello, il Bolza
lo spione, seguito da dragoni.
Egli andò dritto al Bono, e disse: Siete
in arresto. Che fare? Piegò il capo.

DONNA ELISABETTA dolorosamente.

Han colpito il più giovine.... È un fanciullo
ancora. Potrà reggere alle astute
arti di Pachta, di Zajotti?

ROSALES.

È grave
perdita questa.... Ardente, infaticabile

era quel giovinetto. Lo chiamavo
il re di Santa Marta, perchè ordiva
laggiù i suoi fili senza tregua....

ALBERA.
Sempre
pronto all'opera....

ROSALES.
E ignaro d'ogni tema....

DONNA ELISABETTA.
Ma ingenuo ancora....

MAZZINI.
Chi lo salva?

ROSALES.
È forte
d'animo!

ALBERA.
No, non parlerà.

MAZZINI.
Bisogna
giungere a lui.... Chi pensa alle sue carte?

DONNA ELISABETTA.
Non temete. Egli tutto a me affidava.
Io posseggo ogni cosa.... e saprò giungere
a lui, per sostenerlo.

MAZZINI
> sempre a voce bassa e concitata.

Ed essi sanno ch'egli veniva qui?

DONNA ELISABETTA amaramente.

Certo!

MAZZINI.

Non resta che distruggere tutto, le mie carte, i proclami....

DONNA ELISABETTA.

Sta bene!

MAZZINI.

Essi verranno. Ogni momento è contato.... Bisogna partire sull'istante....

DONNA ELISABETTA.

Sì, al più presto....
> Tutti sono rivolti verso Mazzini.

ROSALES.

Quale strada si prende?

MAZZINI.

Vie diverse, per evitar sospetti, batteremo.

TUMIATI *Giovine Italia.*

ROSALES.

Dove il convegno?

MAZZINI.

Tutti alle ferriere di Spluga....

A Rosales, accennando Imperiali, Di Rovre e Belgioioso.

Tu con loro.... Prenderete il lago a dritta su Chiavenna....

ROSALES.

Bene.

MAZZINI.

Avete il passaporto?

ROSALES.

D'Inghilterra.

Ambrœus non visto esce; rientra con armi e mantello dell'Astorri, e depone ogni cosa in silenzio, attendendo.

MAZZINI.

Astorri e Albera con me....

DONNA ELISABETTA all'Astorri.

Tu non hai il passaporto.

ASTORRI noncurante.

No, a che serve? Niuno osa a Milano di sfiorarmi l'unghie.

Non serve il passaporto. È sufficiente
il mio scudiscio, per frustar chi inciampa
sulla mia strada....

  MAZZINI a Albera.

  Due cavalli, presto!

  ALBERA.

Ho provveduto subito. Per noi
pronta è una postigliona a tre cavalli,
alla taverna dell'Isola Bella,
ove son scesi i fabbri dello Spluga.

  MAZZINI.

Sta bene.

  ASTORRI.

  Via di Como?

  MAZZINI.

    Via di Como.

  ASTORRI a Ambrœus.

Dammi mantello ed armi....

  AMBRŒUS
    solleva e porge tut-
    to già in ordine.

  Pronti!

  ASTORRI
    strappandosi di dos-
    so gli ornamenti.

  Là,

sciarpe di Francia, là ciondoli, gale,
anelli, armille, profumi, là, là!

> Getta a terra tutto. Si toglie dal seno le insegne del Toson d'oro e della Corona ferrea. Si ravvolge nel mantello e prende le armi.

Eccole l'armi mie.... Eran con me
alla Moskowa....

> Si ode di lontano, debole, un doppio squillo di tromba. Tutti sono in piedi, pallidi, in ascolto.

Nulla! Son gli squilli
di Palazzo Reale. Il Vicerè
ora esce dal ballo....

Donna Elisabetta al balcone.

Sorge l'alba....
Affrettatevi!...

> Passano voci nella via e passi. Tutti si fermano ancora. Donna Elisabetta guarda.

Nulla....

Mazzini

> a voce soffocata, stringendo le mani a donna Elisabetta.

Brucerete
tutto....

Donna Elisabetta.

Sì!...

> Astorri apre le braccia. Donna Elisabetta si slancia muta.

MAZZINI ammantellandosi.

Dio ci salvi!

Esce primo, seguito da Astorri e Albera, per la porta di fondo. Donna Elisabetta agitata da un lieve fremito, apre l'altra porta laterale, accennando a Rosales e agli altri.

DONNA ELISABETTA.

Voi di qua....
Ambrœus, fa strada!

Tutti le stringono la mano in silenzio, ed escono, preceduti da Ambrœus, che porta una lucerna. Donna Elisabetta sta un momento immobile sulla porta, in ascolto: poi dà un lungo respiro.

Ora al lavoro! Avanti!

Chiude la porta dietro a loro. Si avvicina a uno stipo, sta in ascolto un istante. Gira la chiave, ne estrae un fascio di carte, che getta nel vano del camino di marmo.

ATTO TERZO.

Una sala nelle carceri di Santa Margherita, con porta centrale e un'altra minore a sinistra. Una tavola coperta di carte. Poltrone e sedie. Alla parete un grande ritratto equestre dell'Imperatore Francesco I. Sulla tavola un vaso dorato pieno di rose.

Quando si alza la tela, due dragoni sono di guardia alla porta laterale; mentre dalla centrale entra il conte Pachta, inchinato dagli uscieri.

SCENA PRIMA.

Il conte Pachta, poi Paride Zajotti.

PACHTA entrando.

Attenderò l'inquisitore emerito
riposandomi....

Siede, rinfrescandosi con un fazzoletto di seta.

Siamo alla canicola....

Agli uscieri.

Andate pure, brava gente.... Auff!

Dalla porta laterale appare l'inquisitore Paride Zajotti. Veste con raffinata eleganza, e s'inchina al conte Il suo dire e i suoi modi sono artificiosi.

Voi, Zajotti.... E così?

ZAJOTTI con aria soddisfatta.

Bah, si cammina....

PACHTA.

Ah narratemi dunque.... Sono stanco.
Gli anni gravano, amico, e un ballo a corte
mi lascia l'ossa rotte, benchè appena

abbia abbozzato qualche contraddanza.
Parlai col Vicerè, svelando i nuovi
sospetti. Ne fu tocco, e più di lui
l'invisibile Mentz onnipresente.
Vogliono nomi di patrizi.... Prima
i grossi tronchi, e poi sradicheremo
la minutaglia.

ZAJOTTI.

Non temete. È un gioco
che m'appassiona....

PACHTA.

Beh, a qual punto siete?

ZAJOTTI.

Occorre prima ch'io vi canti un inno,
un ditirambo in lode dell'estratto
di belladonna!

PACHTA.

Ah ah, che caro artista
voi siete! Si principia dalle Muse!
Non per nulla allietate col lor riso
le aridità forensi.... Dunque un inno?

ZAJOTTI.

Sì, per la belladonna! Salutatemi
nuovo Raimondo Lullo. L'elisire
egli cercàva della lunga vita,
ed io quello trovai delle congiure.
Ecco il fatto. Alle tre della mattina,
venne tradotto qui Fedele Bono,
lo studente arrestato.... Era tremante

come un agnello a Pasqua. L'improvvisa
cattura l'avea scosso fieramente,
e la rabbia e le lacrime stridevano
ancora nei suoi occhi. È molto giovane,
di recente staccato dal collegio
Ghislieri, come pera dal suo ramo....

PACHTA ride.

Maturerà qui dentro....

ZAJOTTI.

E lentamente!
Vedendolo, mi astenni per prudenza
da qualsiasi richiesta. Lo colmai
di cure, protestandomi animato
da paterni propositi; e al riposo
l'indussi ed all'attesa più tranquilla
delle nostre quisquilie.... Egli chiedeva
con grida, perchè mai l'avesser tratto
come un ladro. Risposi che ben presto
ne saprebbe la causa, e che frattanto
la coscienza scrutasse, se per caso
qualche rimorso.... E a meglio predisporlo,
vedendolo sì fioco e trasudato
feci portare le bevande. E qui
l'estratto balenò di belladonna!

PACHTA con curiosità estrema.

E produsse il suo effetto?

ZAJOTTI.

Sì, una specie
di lucido delirio invase il reo.

Farneticava assai confusamente
da principio; ma poi, a grado a grado
che piegava al sopore, nomi, luoghi
persone, galleggiavano, mostrando
come i delfini l'arco della schiena.

PACHTA.

E con qualche costrutto?

ZAJOTTI.

     Solamente
nomi per ora, senza nesso.... Ma
ci forniscono lana da annaspare.
Come accade nei sogni, tali nomi
s'intrecciano e ripetono confusi.

PACHTA.

L'istante affretto di vedervi all'opra,
emulo dei maestri....
       Con l'occhio viscido va-
       gante in un sorriso.
    Mi ricordo
il Ghislieri, nel quindici, al processo
Basori, che maestro! Quando colsero
Teodoro Lecchi ed altri congiurati
a pro del Regno italico, Ghislieri
riuscì con la passione, con le lacrime,
come un attore insigne, a spremer succo
da quei tronchi tenaci dell'Impero;
e superato fu nell'arte assai
nel Ventuno, dal giudice Salvotti....
vostro compaesano, gran maestro!

ATTO TERZO, SCENA PRIMA

ZAJOTTI con entusiasmo.

L'indagatore di coscienze eccelso,
immortale, che aperse come un libro,
gli spiriti ostinati del marchese
Pallavicino e del Confalonieri....
Quanto coi Carbonari egli operava,
io farò coi rampolli tristanzuoli
della Giovine Italia.... Oh ne verranno!
Siamo appena al principio: e ancora io sono
un umile discepolo nell'arte.
Datemi tempo, e voglio superare
i maestri: io vo' legna.... e poi vedrete
quali fiammate di congiure al vento
dissolverò! Mi sono circondato
di buone spie, d'un branco di segugi
che fiuta d'ogni parte.... Santarini,
Schneburg, Laurine, Kindinger e Bolza,
e quel Raimondo ispano, che tradiva
a Genova il Mazzini nel Trentuno,
prezioso elemento.... A chi in consegna
le taverne, a chi dò le case allegre.
Anzi io getto i miei lacci a preferenza
là dentro. Negli istanti della gioia
di Venere, è più facile che il cuore
scarichi il sacco.... Un vero reggimento
ne assoldai, belle figlie, battezzate
corpo volante di Citera....

PACHTA.

Ah! ah!
voi non a torto siete letterato,
caro Zajotti, e avete scritto un libro
che mi dicono sia un capolavoro....

Oimè!

ZAJOTTI lusingato, inchinandosi.

Continuando.

Corroborato poi dal tatto
vostro, conte, e dall'opera di Mentz
che penetra nell'alto, e dalle Poste
che non hanno segreti di suggello,
da Torresani che per tutto passa,
che mai non posso fare? Con sì forti
alleanze, non v'è da menar vanto!

PACHTA.

E dov'è l'accusato?

ZAJOTTI.

Ormai già troppo
ha dormito. Possiamo risvegliarlo.

Alle guardie.

Entrate con fracasso e risvegliatelo.

Agli uscieri.

Il giudice assistente....

Escono a destra le guardie, al centro un usciere. Si odono a destra le voci e il fragore delle guardie che ridestano il Bono profondamente addormentato. I due stanno in ascolto. Entra il giudice assistente dal centro, inchinandosi, e prende posizione alla tavola centrale, a cui siedono Zajotti e Pachta. Si odono passi a destra, e tra le guardie, sulla porta, appare un giovinetto esile, pallidissimo col viso stravolto e i capelli arruffati, gli occhi gonfi. È Fedele Bono.

Eccolo a noi!

SCENA SECONDA.

Fedele, Bono e detti.

PACHTA allo Zajotti.

È un fanciullo.... Guardate a quale età
vengono pervertiti!

ZAJOTTI a voce più alta.

E così lieti,
così tranquilli vivere potrebbero
all'ombra delle leggi.
*Il Bono come un cerbiatto
nei lacci, s'arresta sbigottito.*

Avanti, avanti!
Non temete. Noi siamo già per voi
benevolmente predisposti. Dopo
il riposo, più alacre sarete
di spirito e di corpo, e più sicuro
nel rispondere.

BONO con voce fioca.

Ignoro ciò ch'io provo....
Ho la mente confusa, un sonno greve
angoscioso.... Ne tremo ancora, e gli occhi
veggono doppio, come nell'ebbrezza.
Credo d'esser malato, assai malato....

ZAJOTTI.

Animo, su! Son fisime, e scompaiono
come son nate. Il vostro turbamento

mi affida: esso rivela cuor sensibile
ed inclinato al bene....

BONO.

Vi scongiuro
di svelarmi di che sono accusato.

ZAJOTTI
*presso a lui, accarez-
zandolo con dolcezza.*

Consultate voi stesso, la coscienza
vostra.... Vi si accagiona d'un peccato
ch'è frequente nei giovani, e che desta
indulgenza.... Siam tutti d'una stoffa,
quella d'Adamo.... ed il Vangelo dice:
— Scagli la pietra chi non ha peccato. —

BONO.

Io non comprendo ciò che dite....

ZAJOTTI.

Ebbene,
cercherò d'aiutarvi.... Ricordate
d'aver cercato gl'intimi favori
d'una dama patrizia?

BONO.

Sul mio onore
a che vogliate alludere, m'è oscuro.

ZAJOTTI.

Siete accusato d'adulterio....

BONO con un grido.

Che?

ZAJOTTI.

Con una dama della nobiltà.

BONO.

Menzogna!

ZAJOTTI.

Donna Elisabetta Astorri.

BONO veemente.

Chi ha calunniato donna Elisabetta?
Non v'è pena bastante a tale infamia.
Essa è cosa più sacra degli altari,
pura come le immagini di Dio....

ZAJOTTI.

Con qual calore voi la difendete!
Pure l'accusa è chiara. Più e più volte
foste scorto di notte penetrare,
e con chiave segreta, presso lei,
assente suo marito....

BONO.

Giuro innanzi
alle pagine aperte dei Vangeli,
che sol degno di frusta e di tenaglia
mi stimerei, se avessi, col pensiero,
contaminata la sua casa....

ZAJOTTI.

E noi
del vostro giuramento prendiamo atto.

L'assistente, a un segreto cenno di Zajotti, scrive.

Spiegate allora perchè così occulte
eran le vostre visite.

> BONO con forza.
>
> Giammai
furono occulte....

> ZAJOTTI.
>
> V'eran altri dunque?
E di che mai parlavasi?

> BONO.
>
> Di tutto....
Quando v'era il marchese di Rosales
>> Zajotti accenna, e l'assistente scrive.
si parlava di corse, di cavalli,
delle cacce a Monguzzo.... Se veniva
ma ben di rado, Cesare Cantù,
>>> scrive
si parlava di storia.... Quando v'era
il principe Imperiali....
>>> scrive
> si parlava
di viaggi, di mode....

> ZAJOTTI.
>
> Ricordate
d'aver visto un patrizio piemontese
già compromesso nel Ventuno, il conte
Adalberto di Rovre?

> BONO colpito, perdendo terreno.
>
> Non ricordo.

ZAJOTTI.

Come? Ma se da voi ne appresi il nome!

BONO stupefatto.

Da me?

ZAJOTTI.

L'udii con altri nomi, dianzi,
durante il vostro sonno, assai ciarliero.
Passando, mi fermai....

BONO turbato.

Voi?

ZAJOTTI continuando.

Questo conte
è amico dell'Allegra, ed affiliato
alla Massoneria, la gran fucina
di quel famigerato Buonarroti,
che plasma sette e congiure a Parigi,
seminandole poi per ogni verso....

BONO cercando di difendersi.

Ma nulla io so di tali cose.... Un giorno
sì, mi pare, per caso l'incontrai.

ZAJOTTI ironico.

E per caso incontraste anche un antico
personaggio.... Filippo Strozzi?

Bono ha un fremito di terrore.

Ah vedo,
che non vi è nuovo, poi che impallidite.
Bene, le nostre fonti ci han svelato

chi celasi in tal nome, il capo stesso
della Giovine Italia, si, Mazzini....
questo nuovo Balilla genovese.
Dove l'avete visto?

> BONO con un grido.

Ma giammai!

ZAJOTTI
> prende un foglio, e lo pone
> sotto gli occhi del Bono.

Spiegate allora questo nuovo enigma
del reggimento "l'Arciduca Alberto„.

> BONO pallido.

Sarà un'infame delazione....

ZAJOTTI.
> Calma!

Attendete! Il suo nome è qui segnato;
Gaetano Rolla....

> BONO.

Ah non è vero!

ZAJOTTI.
> Come?

Egli stesso depose, perchè ieri
fu tradotto in arresto.... A quanto pare,
fu ordinato da voi nella congrega
della Giovine Italia....

> BONO sentendosi mancare.

Oh Dio....

ZAJOTTI
levandosi in piedi, come ossesso.

Vedete
in qual modo, signore, vi beffaste
della giustizia imperiale! Questa
deposizione vi costituisce
reo d'alto tradimento, e vi condanna
alla pena di morte....

BONO *accasciandosi tutto.*

Ebbene sia!
Purchè non si prolunghi tal tortura,
purchè violentandomi, non possa
la debolezza mia tradire altrui!
La mia mente è confusa, e più non vede
che fantasmi....

ZAJOTTI
ritornando d'improvviso paterno e dolce.

Ma dunque riflettete,
o traviato figliuolo, qual bontà
e indulgenza sia vanto del Governo
Imperiale.... Perchè forzarci, contro
ogni voglia, a vessare, a incrudelire
contro di voi? Volgete anche il pensiero
alla povera madre vostra.... Geme
a quest'ora, agitata da terrori
troppo giusti.... e se cuore vi rimane,
ombra d'amor filiale....

Il Bono piange.

risparmiatele
l'eccesso della pena, che se a voi

non arreca sgomento, può spezzare
il suo cuore materno!

    Bono piangendo dirottamente.
   Madre mia!

   Zajotti.

La giustizia non vuol nuocere.... Cerca
di conoscere il vero, per disporre
misure generali.... Fate dunque
d'esser sincero: il vostro atteggiamento
attenuerà di molto.... e forse forse
vi sconterà la pena, che purtroppo
avete meritata. Dite aperto:
Alla Giovine Italia, chi vi ascrisse?
chi è il capo ordinatore qui a Milano?

    Bono
     cercando disperatamente
     di sviare le indagini.

Venni affiliato a Marsiglia; ed ognuno
di noi, dell'altro ignora....

   Zajotti prorompendo.
     Troppo a lungo
menate il gioco! Vi saprò strappare....
    Entra l'usciere e annunzia.

   L'usciere.
Sua Eccellenza il barone Torresani.

   Zajotti con orgasmo.
Avanti, avanti!...
     Alle guardie.

                    Conducete il reo
nella sua cella.... via!

> Bono è ricondotto. Zajotti si piega all'orecchio del conte Pachta.

                    Dite, Eccellenza,
di gran momento, io credo, tornerebbe,
indagare una dama, che l'Astorri....

                    PACHTA con malizia.
Chi?

                    ZAJOTTI.

    La contessa Samoyloff.

                    PACHTA trionfale.
                                Zajotti,
vi prevenni.... Sarà qui fra non molto.

                    ZAJOTTI inchinandosi.
Siete un genio.

                    PACHTA.

        Son vecchio: questo è tutto!
        Appare il Torresani nell'anticamera.

                    ZAJOTTI.
Ecco il barone....

SCENA TERZA.

Il barone Torresani e detti.

Il Torresani si inoltra. Ha l'aspetto gravemente preoccupato.

PACHTA a bassa voce.

Ebbene?

TORRESANI prorompendo.

Abbiam frugato tutto il palazzo Astorri, dalle stalle ai granai....

ZAJOTTI rapido.

E la preda?

PACHTA.

Promettente?

TORRESANI.

Un bel nulla!

Meraviglia negli astanti.

Neppur da spigolare.... . Tabula rasa!

PACHTA.

Nulla?

TORRESANI.

Nulla, nulla! Nè una carta nè un canchero.... Il dilemma

s'impone: o tutto hanno distrutto, cosa
improbabile, poi che fu fulmineo
il nostro arrivo — o lungi da ogni trama
essi appaiono.... Voi deciderete.

ZAJOTTI.

Ma l'Astorri è con voi?

TORRESANI.

Neppur per sogno!
L'uccello era alla frasca.... Non trovammo
che donna Elisabetta. Immaginate
le statue del Canova: così lei.
S'assise al piano, e mentre il suo palazzo
era pieno di sciabole e di sproni,
ella suonava, senza dir parola,
Rossini.

ZAJOTTI.

Come?

TORRESANI.

Sì, *Guglielmo Tell.*
Poi ci è apparsa, ravvolta in un'immensa
baiadera di trine veneziane,
esclamando: Vi seguo! — Favorite! —
È là che aspetta.

PACHTA con stupore.

Lei?

TORRESANI.

Eh, la vedrete!

PACHTA agitato, all'usciere.

Fatela dunque entrare.

L'usciere parte.

Qui si tratta
del patriziato più cospicuo. Occorre
agire con cautela. Il Toson d'oro
li avvince con araldici legami
alla persona imperiale.... Quando
fallissero le prove, un gran vespaio
avremmo intorno....

A Zajotti.

Voi destituito,
io cacciato in Boemia,

al Torresani

E tu mi sverni
in Moravia, al governo dello Spielberg.
Precipitammo troppo. Niun indizio
positivo ci è innanzi....

TORRESANI.

Eccola, viene.

Appare sulla soglia donna Elisabetta
Astorri, superba come una regina.
Il suo abito di raso nero è ravvolto
da una bajadera preziosa di merletti veneti. Il suo volto è impassibile. Tutti si alzano in piedi.

SCENA QUARTA.

Donna Elisabetta e detti.

ZAJOTTI inchinandosi.

Il Cielo qui vi guida. Voi giungete
invocata.... che dico? sospirata.
Siamo in un labirinto, e voi soltanto
dipanerete il filo del mistero.

Donna Elisabetta calma.

V'ingannate, signori. Qui non vengo
per fornir spiegazioni. Vengo a chiederle.
Siede.
Stamani, senza menoma cagione,
solo perchè vi piace, si martella
di colpi la mia casa, ed un manipolo
di guardie, con codazzo di curiosi
mi risveglia dal sonno: perchè, tale
sorpresa mi vien fatta ai primi albori.
Mi s'intima d'alzarmi, ed incomincia
un saccheggio barbarico.... persino
si rovescia il mio letto e si disserrano
i miei scrigni. Vi chiedo qual pretesto
vi spinge a tali visite, se un solo
foglio sospetto non potè trovare
un'ispezione sì minuta.... Eh via!
quali sogni vi passano pel capo?
Noi viviamo appartati: sol di musica

io m'occupo, e di caccia mio marito
e di vita mondana.... lo sapete.
Voi, conte Pachta, quasi ad ogni sera
con lui giocate al Circolo dei Nobili
una partita che vi rende ricco.
Chiedo perchè si viola brutalmente
una casa patrizia.... e la dimanda
che a voi rivolgo, la farò in persona
a Sua Maestà l'Imperatore: io parto
per Vienna questa sera.

     Agita lentamente il ventaglio.

   ZAJOTTI mellifluo.

    L'Eccellenza
vostra farà ciò che le aggrada,
nè abuseremo dei poteri a noi
dal Sovrano affidati.... Il nostro appello
si rivolge alla vostra cortesia
di dama, nonchè all'obbligo di suddita
devota. Vi chiediamo dunque, dove
si nasconde Don Agide.... poichè
oggetto di ricerca era lui solo,
non la vostra persona....

   DONNA ELISABETTA imperturbabile.

    Mio marito?
Dove gli piace. Non indago mai
quali strade percorra. L'esperienza
di ben due lustri m'ha, credo, ammaestrata
bastevolmente, che convien lasciare
libertà piena ai consorti.... nevvero,
conte Pachta?

ZAJOTTI con dolce insistenza.

Sapreste a chi Don Agide
può aver parlato della sua partenza,
in casa vostra? Trattasi di cosa
importante, gravosa senza dubbio
per voi....

DONNA ELISABETTA
con supremo stupore.

Per me? Ma dopo quanto accadde,
stamani, nulla certo più gravoso
può sembrarmi....

Gingillandosi distrattamente col ventaglio.

Pensando, mi sovviene
che una frase sfuggì ieri a Don Agide.
Si consultò con me su cosa futile
assai.... sul nodo delle sue cravatte.
Gli erano giunti appunto da Parigi
nuovi modelli di Dufour.... e il nodo
era un grave problema, sì intricato
che diviene un'inezia al paragone
l'ultimo nodo del conte d'Orsay....
Ed ora mi ricordo, che celiando
mi parlò di pernici.... Ed argomento
che sia partito per la caccia....

Distratta.

Dove
poi? Forse in Valle Intelvi, nella nostra
tenuta della Scala, dove abbondano
le pernici.... Ecco quanto posso dirvi.

ZAJOTTI con penetrante ironia.

Vive grazie vi umilio.... La risposta

ci sarà di gran conto. Ma frattanto
siam costretti purtroppo a disflorare
un argomento scabroso, che tocca
sì, la vostra persona....

    DONNA ELISABETTA serena.
   Me?

  ZAJOTTI.
    Sicuro.
Io v'invito a spiegare certe visite
che un giovine signore, ora implicato
in processi politici, per nome
Fedele Bono, vi faceva....

  DONNA ELISABETTA
      sorridendo lievemente.
   Ah ah!
Ma non v'è nulla da spiegare. Noi
riceviamo gli amici in casa nostra —
ugual legge per tutti....

  ZAJOTTI.
    Permettete:
un'aggravante esiste in questo fatto.
Il giovine fu visto penetrare
presso di voi di notte, con mistero....

  DONNA ELISABETTA con sarcasmo.

Lor signori, io m'accorgo, aman seguire
l'uso dei cicisbei del tempo antico:
pedinare le dame giorno e notte.
Io non so veramente perchè debba

rispondere su ciò che mi riguarda
calcando la frase
intimamente.... come donna.

ZAJOTTI.

Abbiamo
purtroppo un'altra voce ed eloquente,
quella del Bono. Confessò egli stesso
or ora che a politici raggiri
dedicava le visite, e che s'usa
in casa vostra tessere congiure
contro l'ordine sacro dello Stato.

DONNA ELISABETTA *glaciale.*

Egli ha mentito, per soverchio amore,
non volendo tradir me.

ZAJOTTI.

Degnerete
spiegarvi....

DONNA ELISABETTA.

È duro aggiungere parole
per una donna.... Ma poichè adunate
cosi assurdi sospetti, un solo istante
non esito a ripetervi: me sola
notte o giorno che fosse, egli cercava.
A rigore di logica, vi lascio
concludere.

ZAJOTTI.

Ch'egli era il vostro amante,
non è vero?

Donna Elisabetta.

È ben semplice, mio Dio!

Zajotti agli uscieri.

Introducete il Bono....

Via un usciere. Donna Elisabetta freme, dominandosi.

Ora sapremo
se tal nodo fu stretto dagli Amori
con catena di rose, o dagli spiriti
sediziosi che turbano la pace
delle nostre province....

. Gingillandosi con due rose.

Il sì e il no
congiunti in un amplesso, generare
debbon pur qualche cosa.... non è vero?
Ecco il giovine Adone.

SCENA QUINTA.

Fedele Bono e detti.

Entra il Bono. Vede donna Elisabetta, si arresta, come se venisse meno. Una violenta palpitazione si impadronisce di lui. Donna Elisabetta lo sorregge con lo sguardo, con tutto l'essere, protesa.

Zajotti.

A voi, signore;
riconoscete questa dama?

Bono *con fievole voce.*

Sì....

ZAJOTTI.

Non turbatevi.... Fiero paladino
voi foste del suo onore. Or non è molto
giuraste sui Vangeli che giammai
a voi concesse i suoi favori.... Certo
a lei di fronte manterrete quanto
rende, contro le accuse, immacolato
il nome d'una donna....

Il Bono sta con gli occhi fissi su donna Elisabetta, aspettando da lei vita e morte.

DONNA ELISABETTA
dominandolo con lo sguardo.

Amico mio,
vi son grata di tanto sacrifizio,
ma poichè fonte di sospetti solo
può divenire.... confessate pure
liberamente che vi ho amato....

Bono ha un tuffo nel sangue, cerca ove appoggiarsi.

ZAJOTTI.

A voi,
rispondete...

BONO
sembra assalito da un turbine di gioia. Le forze quasi gli mancano.

Si, è vero!

ZAJOTTI
balzando, con voce rauca.

Rinnegate
il vostro giuramento?

BONO
> non ha più vita che per donna Elisabetta. Le parole gli sgorgano, come d'allucinato.

È vero, è vero!
Lei sola ho amato, sempre, ad ogni istante
il mio pensiero fu lei.... per lei sola
ho vissuto, ho gioito....

ZAJOTTI interrompendolo.

Pazzo! pazzo!
vi gettate nel baratro.... La morte
è la pena che attende gli spergiuri....
Rientrate in voi stesso!

BONO
> senza sentire nè veder più nulla, gridando.

Se chiedesse
da me la vita, la darei beato
di vederla sorridere un istante,
e guardarmi così come mi guarda....

> Pallido, tremante, si slancia verso donna Elisabetta, cadendo in ginocchio.

Lasciate ch'io vi baci, che disfiori
la vostra mano, ch'io la senta qui
sui miei capelli, sulla bocca mia....
Che gioia è questa di potere alfine
gridare al cielo e alla terra: Sì, v'amo!
Se muoio, che m'importa? Nessun dono
voglio più dalla vita.... Voi soltanto

ho sognato nell'ombra, ho desiato,
bene supremo....

    Si arresta, gira gli occhi sbarrati, le forze lo abbandonano, piega, svenuto, la testa sulle ginocchia della dama. Donna Elisabetta piange silenziosamente.

Donna Elisabetta.

Dubitate ancora?

    Zajotti *alle guardie.*

Riconducete quel fanciullo....

    Il Bono è condotto via a braccia.

Avremo
agio d'interrogarlo in altro modo....
Rimedii estremi a mali estremi....

Donna Elisabetta.

    E che?
Ardireste infierire sui fanciulli?

Zajotti.

La verità ci è cara, e ad ogni prezzo
siamo astretti a cercarla, quando forza
occulta a noi la cela.... Voi frattanto
sarete causa di morte a cotesto
allucinato adolescente.... E forse
potevate salvarlo.

    Entra l'usciere e annunzia.

L'usciere.

La contessa
Giulia Samoyloff.

Donna Elisabetta ha un fremito; ma si riprende subito, preparandosi a lottare ad oltranza.

ZAJOTTI.

Ecco chi dirà
qualche nuova parola in questo affare.

SCENA SESTA.

La CONTESSA SAMOYLOFF e DETTI.

Appare sulla soglia la contessa Samoyloff, vestita sontuosamente. Porta un turbante sormontato da un pennacchio di diamanti, e ha il seno e le dita coperti di gioielli come un idolo. Pachta, Torresani e Zajotti si alzano ad inchinarla. Donna Elisabetta la scruta, celando la sua angoscia.

CONTESSA SAMOYLOFF
volge lo sguardo con insolenza su donna Elisabetta.

Qui vi trovo, marchesa di Giussano,
imperatrice d'Oriente!... Il trono
scendeste a pazza corsa.... Troppo lungi
lasciaste gli splendori bizantini
e i reami di Cipro e di Morea!
Noi siamo, se non erro, nelle carceri
di Santa Margherita.... Che v'accadde?

DONNA ELISABETTA *dissimulando.*

Un equivoco, nobile signora,
provocato da voi....

.Contessa Samoyloff
   siede. Zajotti le offre
   con galanteria le rose.

Da me?

Donna Elisabetta.

   Sì, ieri.
Questi signori scambiano per trame
politiche, le visite frequenti
d'un amico....

   Contessa Samoyloff
   al Pachta e al Tor-
   resani, trionfante.

Vedete? Io non errava!
     A donna Elisabetta.
Ah, il vostro cuore adamantino aveva
dunque, un'incrinatura a tutti occulta?
Siam figlie d'Eva, è vero?... Il dolce esempio
che oggi viene da voi, prova la legge;
e mi affida che d'ora innanzi, meno
altera varcherete le altrui soglie
rispondendo ai saluti.... Che buon gusto!
Voi scegliete gli imberbi, da educare
nei penetrali delle vostre grazie....

   Zajotti *sorridente.*

Contessa, benchè grata assai ci sia
tale scherma leggiadra di parole,
siam però astretti dalla dura legge
a interrogarvi....

CONTESSA SAMOYLOFF
sedendo, e girando su di loro
l'occhialetto di madreperla.

A vostro beneplacito!

ZAJOTTI.

Sul conto di don Agide.... Passava
ore lunghe con voi.... Vogliate dire
qual tenor d'idee....

DONNA ELISABETTA alzandosi.

La mia presenza
inutile mi sembra ora e penosa.
Non si vorrà forzarmi....

ZAJOTTI.

Invece, aimè!
dobbiamo trattenervi: è indispensabile
che voi siate presente.

DONNA ELISABETTA
tormentando il ventaglio.

Ebbene, siedo.

ZAJOTTI alla Samoyloff.

Come, contessa, s'iniziò la prima
vostra dimestichezza con l'Astorri?

CONTESSA SAMOYLOFF
ridendo procacemente.

È un lustro ormai.... Fui vittima d'un ratto....

ZAJOTTI con galanteria.

Preda desiderabile!... E in che modo?

CONTESSA SAMOYLOFF
>> sbirciando, con felina compiacenza, donna Elisabetta.

Voi ricordate senza dubbio il ballo
meraviglioso del conte Bathiany....
Io per la prima volta penetravo
nel gran mondo ambrosiano; e quella sera
indossavo un costume stravagante
di contadina russa.... e mascherata
scivolavo fra i gruppi; quando vidi
un gentiluomo dalle forti membra
seguirmi inebbriato. Lo sfidai,
involandomi.... Quando, a danze chiuse,
salivo il mio equipaggio, mi sentii
bendare d'improvviso, e trasportata
fui dai cavalli con tremenda foga.
Mi tolsero le bende in luogo ignoto....

>> Si volge a donna Elisabetta.

Indovinate? Era palazzo Astorri!...

DONNA ELISABETTA
>> alzandosi di schianto.

Posso andarmene?

ZAJOTTI agrodolce.

Forse le parole
un po' crude vi offesero....

CONTESSA SAMOYLOFF.

E perchè?
Di frequente, a voi, donna Elisabetta,

io pensai con stupore ammirativo....
Li avvezzate da principi!

Donna Elisabetta non risponde,
stracciando muta il suo ventaglio.

ZAJOTTI troncando.

    Contessa,
rispondete, vi prego.... Nulla mai
notaste in lui d'occulto?

CONTESSA SAMOYLOFF indifferente.

    Non mi pare.

ZAJOTTI.

Vi sarà occorso di vederlo chiudersi
in segreti pensieri, come oppresso....

CONTESSA SAMOYLOFF ride.

Oppresso? Oh, di frequente....

ZAJOTTI.
        E penetraste
la ragione di tali offuscamenti
improvvisi?

CONTESSA SAMOYLOFF.

  Ma certo! Era sfinito!

ZAJOTTI insistendo.

Cercherò d'aiutarvi.... Ricordate
se dal suo labbro udiste a volte il nome
d'un tal Filippo Strozzi?

CONTESSA SAMOYLOFF
con profonda indifferenza.

Non ricordo.

ZAJOTTI.

Vi avrà certo accennato di sovente
alla Giovine Italia....

CONTESSA SAMOYLOFF ride.

Oh non parlava
che di giovani vere in carne ed ossa....
Si dilettava molto del bel sesso!

Pachta, Torresani, Zajotti si
scambiano uno sguardo disperato.

DONNA ELISABETTA erompendo.

Converrete, signori, ch'è inaudita
pazienza la mia.... Nessuna donna
potrebbe sopportare....

PACHTA
levandosi e andando verso di lei.

Noi per primi
ascriviamo a fortuna ed allegrezza,
il veder dissiparsi ogni cagione
di sospetti.... e l'augurio più sincero
noi formiamo, che immune d'ogni macchia
apparisca la vostra casa.....

ZAJOTTI interrompendo.

Un'ultima
dimanda io vorrei fare alla contessa

Samoyloff.... Non saprebbe ella per caso,
dove l'Astorri oggi si trovi?

CONTESSA SAMOYLOFF.

Forse,
per un fatto avvenuto questa mane....

Donna Elisabetta impallidisce.
Gli inquisitori tendono l'orecchio.

ZAJOTTI con premura.

Può interessarci, dite....

CONTESSA SAMOYLOFF.

Non varrebbe
la pena.... Sono ciarle dei miei servi.
Il conte Pachta forse vi narrava
che al ballo mi seguirono, abbigliati
in foggia antica, quattro miei lacchè.
Ora, dopo le danze, i quattro servi
si presero lo spasso — troppo lecito
per tal gente — d'attendere l'aurora,
ubbriacandosi tutti allegramente,
alla taverna dell'Isola Bella....

Donna Elisabetta sobbalza.

Quel locale plebeo tutto era pieno
di fabbri allora giunti dallo Spluga,
con carico di ferro; i quali, come
ebber visto i miei poveri lacchè
così foggiati, tutti li copersero
di busse e contumelie. Ma il più strano
si è, che presso la taverna stessa,
v'era una postigliona a tre cavalli,
su cui d'un balzo tosto si eclissarono

tre di quei forsennati, via sferzando
a briglia sciolta.... Afferma Giulio Cesare,
il meno brillo dei miei quattro servi,
d'aver riconosciuto volto e voce
di don Agide Astorri e del meccanico
Albera.... V'era poi con essi un tale
sconosciuto, che tutti si abbracciavano,
e quand'egli parlava, dal suo labbro
pendevan come apostoli dal Cristo.
Giulio Cesare dice che giammai
gli accadde di vederlo, ed asserisce
ch'egli è giovane e parla a meraviglia
come un tribuno.

> Pachta, Torresani, Zajotti balzano in piedi. Donna Elisabetta è pallida come un cadavere, e fa uno sforzo sovrumano per non tradirsi.

ZAJOTTI con piglio trionfale.

Siamo sulla strada
maestra! Quell'incognito, signori,
posso dirvi chi è: Filippo Strozzi,
alias Mazzini..... Giovine, eloquente,
ascoltato da tutti qual profeta,
atteso, poi che fervon d'ogni lato
sintomi di congiura.... È lui, è lui!

TORRESANI.

Bisognerà inseguirli sull'istante....

ZAJOTTI alla Samoyloff.

La postigliona, dite, quale strada
ha preso?

CONTESSA SAMOYLOFF.

Verso Porta Comacina.

ZAJOTTI.

A quale ora?

CONTESSA SAMOYLOFF.

Non temo d'ingannarmi:
certo verso le cinque del mattino.

TORRESANI batte il campanello.

D'otto ore ci avanzano.... Conviene
affrettarci.
Si avvia verso il fondo.

PACHTA.

Mandate a tutti i posti
di guardia del confine i più severi
ordini....

ZAJOTTI.

Raddoppiateli sui valichi,
da Porlezza allo Spluga....

PACHTA.

Presto, presto!

TORRESANI.

Dirigerò io stesso le ricerche.
Appaiono sulla soglia gli uscieri,
poi un ufficiale. Il Torresani
impartisce ordini all'esterno.

Donna Elisabetta
morsa da una furia di spasimo.

Inutili ricerche! Le Eccellenze
vostre perdono il tempo, dando ascolto
alle fandonie di lacchè ubbriachi
e d'una prosti....

Contessa Samoyloff *scagliandosi.*

Ah!...
Zajotti si frappone. La dama si arresta.
Osate la parola!
Pausa. Poi con sibilo di fiera.
Ah, vi brucia le labbra.... Non potete!
V'è caduta la maschera in un'ora.
Che precipizio! Amante di fanciulli...
Santa Impostura!... Spalancate orvia
le vostre porte a tutti i Martinitt!
Ma sentite un consiglio: Fate presto,
perchè il tempo cammina.... Vi saluto.
Prende il braccio di Pachta ed esce.

Donna Elisabetta
raccogliendo tutte le sue forze, a Zajotti.

Ed ora voi vorrete rilasciarmi.
Non ho più nulla a dirvi.

Zajotti.

Ma, purtroppo
non possiamo appagarvi.... Qui per voi
con tutti gli agi troverete pronta
una dimora.... Siete necessaria!

DONNA ELISABETTA fremente.

Per quanto tempo, di grazia?

ZAJOTTI.

Finora non è lecito dirvi....

DONNA ELISABETTA.

Ebbene, prego la bontà vostra d'un favore.

ZAJOTTI.

Dite....

DONNA ELISABETTA.

Vorrei mandare una parola sola
ai miei figli, perchè vivan tranquilli.

ZAJOTTI.

Disponete. Gli onori al vostro grado!

DONNA ELISABETTA.

Il mio servo.... è alla porta. Fate entrare!

A un cenno di Zajotti, esce un usciere. Donna Elisabetta siede e scrive. Un singhiozzo le spezza il petto. Si domina. Zajotti avvicinandosi al fondo, dov'è Torresani, si consulta con lui in segreto. Entra dalla centrale Ambrœus. Gira uno sguardo, vede donna Elisabetta, e si ferma, impassibile come un automa.

SCENA SETTIMA.

Ambrœus e detti.

Donna Elisabetta
    volgendo il capo verso di lui.
Ambrœus!
  Il servo si avanza, e si colloca accanto alla padrona. Donna Elisabetta gli parla piano con la voce rotta, scrivendo.
Fa di raggiungere Don Agide. Avvertili che son scoperti....
    Ambrœus non batte palpebra.

Zajotti.
    Avete terminato, signora?

Donna Elisabetta
    riprendendo l'impero su di sè, gli tende il biglietto.
Ecco!

Zajotti *legge.*
    Sta bene. Non v'è indirizzo. Dove deve andare?

Donna Elisabetta.
Al castello di Sàuria, ove lasciai i miei figli col loro nonno cieco, il generale Sforza Astorri....

ZAJOTTI *chiudendo il biglietto.*

Avanzo
dell'Impero.... Perdè la vista, dove?

DONNA ELISABETTA.

Alla battaglia di Wagram.

TORRESANI
*si avanza, si avvicina a Ambrœus
e lo squadra; poi con veemenza,
verso un ufficiale che è alla porta.*

Darete
una scorta di due dragoni, al servo
della marchesa di Giussano.

DONNA ELISABETTA
con voce soffocata.

Dio!

ZAJOTTI
consegna il biglietto a Ambrœus.

Eccolo a voi!

Ambrœus ripone il biglietto.

DONNA ELISABETTA
piano a Ambrœus.

Come farai?

AMBRŒUS
*immobile, guardandola, le
labbra e i pugni chiusi.*

Mì i coupi!

ATTO QUARTO.

Un posto di guardia sulla via del confine, circondato da alti monti. La stanza nuda ha due porte, una centrale, e l'altra a dritta più piccola, con balcone rustico e scala di legno praticabile. Cappotti militari e fucili al muro. Una tavola, su cui stanno una lampada fumosa a olio, carte da giuoco, pipe, e una *guzla*, strumento slavo a corde; a terra, un secchio e un'anfora di rame. Un giaciglio nell'angolo, con saccone e coperte. È notte buia. La stanza, più che dalla lampada, è illuminata dal riverbero di un fuoco acceso all'esterno sul ciglio della strada. La parete sinistra della stanza ne è tutta rischiarata.

Quando si alza la tela, tre soldati del reggimento Cacciatori tirolesi stanno presso la porta centrale. Uno di essi, sulla soglia col fucile a tracolla, è di sentinella. Essi guardano all'esterno, donde giungono voci e rumore di sonagliere. Il primo, che è di sentinella, è un ungherese, Mathias; l'altro, Boris, è uno czeco; il terzo, Ladislao, polacco.

SCENA PRIMA.

Ladislao. – Boris. – Mathias.

Mathias.
Guarda, altri due dragoni!

Ladislao.
Quanti sono?

Mathias.
Nove con quello che è alle briglie.

Boris.
Come grondan le bestie!

Ladislao.
Han corso.

Boris.
Son sfiniti. Il sauro cade sui ginocchi....

LADISLAO.

Razza
di cristiani! Li ammazzano i cavalli!
Han corpo e sangue come noi....

BORIS.

Chi scende
dalla carrozza?

MATHIAS.

È tutto gallonato.
È un ufficiale del Comando.

LADISLAO.

Auff!
quanti inchini!

MATHIAS.

Eccellenza...: gli hanno detto
Eccellenza.... Su, scòstati di là.
A Ladislao.

LADISLAO.

Che mutria! È grasso, deve mangiar bene.

MATHIAS.

Zitti, bestemmia....

BORIS.

Eccolo.

SCENA SECONDA.

Il TORRESANI, seguito da due dragoni e DETTI.
Il Torresani ha sulle spalle un ampio cappotto, che lascia vedere gli alamari della divisa. Porta stivali alti e scudiscio.

TORRESANI
   avanzandosi con piglio imperioso.
  Chi c'era
di voi, prima di notte, qui di guardia?

   I SOLDATI insieme, curvi.
Noi tre, Eccellenza.

   TORRESANI.
  Tsst! Risponda un solo!
      A Ladislao.
Tu, presto! Chi è passato sul tramonto,
in direzione del confine?

   LADISLAO.
  Prima
del tramonto, Eccellenza, son passati
alcuni gentiluomini.... Venivano
a quel che pare, da Milano....

   TORRESANI.
    E quanti
erano?

LADISLAO.

Quattro.

TORRESANI.

Soli?

LADISLAO.

No, Eccellenza:
li seguivano i servi e dieci cani
al guinzaglio.... Portavano costumi
da caccia; li chiamavano *mylords*.
Si sentiva parlare un'altra lingua....

MATHIAS.

Yes, dicevano....

TORRESANI.

batte il frustino sulla spalla di Mathias.

Basta!

A Ladislao.

Chi ha guardato
i passaporti?

LADISLAO.

L'ufficial di ronda
luogotenente Kraft.... Egli ha guardato
i passaporti e ha detto: Consolato
d'Inghilterra.... Sta bene. — Essi volevano
una guida, per giungere a una posta
di daini.... Egli prescelse uno di noi....
me appunto, per guidarli.

TORRESANI impaziente.

E dove mai
li hai guidati?

LADISLAO.

Ma dove essi volevano.

TORRESANI.

Animale! Ti chiedo dove....

LADISLAO.

Prima,
presso al covo dei daini.... Ma tirarono
pochi colpi: ed allora sul confine.
Volean dormire a Spluga.

TORRESANI.

E che dicevano?
che hanno fatto?

LADISLAO.

Eccellenza, camminavano
in silenzio coi servi, e dietro i cani.
Non mi dissero nulla.... Fu soltanto
giunti al confine.... Quand'ebbero il piede
sul territorio svizzero, un di loro
si volta verso me, scoppiando a ridere,
e mi tira una borsa, e dice in puro
italiano.... l'ho udito bene: — Prendi,
te la dona il marchese di Rosales....

Cava dalla cintura una borsa.

TORRESANI
strappandogliela, con un grido.

Che?

LADISLAO.

Eccellenza, rideva come un pazzo
e anche gli altri ridevano....

TORRESANI furente.

Carogna!
Naso di legno! Tu non hai capito
che dovevi fermarli? Trenta giorni
d'arresti.

Lo frusta con lo scudiscio.

Voi polacchi siete cranii
di coccodrillo.... Affogarvi, affogarvi
giù nel fondo alla Vistola, coi sassi
al collo....

Frusta.

LADISLAO.

Ahi ahi!

TORRESANI.

Dov'è quest'ufficiale
di ronda?

LADISLAO gemendo.

Fa il suo giro a tutti i posti
di guardia....

TORRESANI.

Dov'è adesso?

LADISLAO.

      Giù alla Falce a quest'ora, a cenare....

TORRESANI.

     Quanta strada corre di qui alla Falce?

LADISLAO.

     Poche miglia, Eccellenza....

TORRESANI.

Vi passano i cavalli?

LADISLAO.

Sì, Eccellenza!

TORRESANI

si avanza sulla porta, gridando all'esterno.

Alla Falce, di galoppo!

Esce: fragore di sonagliere in partenza. I soldati li guardano partire, sbalorditi.

LADISLAO

stirandosi le membra indolenzite.

Che il diavolo ti porti! Avete visto come lavora con la frusta?

BORIS.

      Vita maledetta!

MATHIAS basso.

Tacete oh, chè gli spiriti
gli portan le ambasciate....

LADISLAO.

È colpa nostra
forse? Danno un comando: si obbedisce,
e giù frustate! Che si deve fare?

BORIS.

Obbedirli a rovescio. Voglion acqua?
Bene, tu porta fuoco. Voglion aria?
E tu imbottisci fin le serrature....
Bianco per nero sempre, e tanta corda
che basti a loro, ai figli ed ai nipoti....

MATHIAS intimidito.

Di', vuoi tacere?

BORIS.

Chi ci sente? I morti
nostri....

LADISLAO.

Soli quassù, fra cielo e terra....
Come quel secchio, ho l'anima di ruggine!

BORIS
*butta il fucile sulla tavola, dove
son le carte, le pipe e la guzla.*

L'allegria s'è affogata.... Fossi buono
più di suonar la *guzla!* Mi si fiacca
la mano, non ci credi? E allora! Quante
canzoni per le belle di Moravia....

LADISLAO.

Tre anni di catena! Sarem vecchi
quando torniamo a casa.... Chi ci piglia?
Non ci conosceranno le ragazze.

BORIS.

A quest'ora ci avran dimenticati.
La mia m'avea promesso una crostata
di noci, come s'usano da noi,
coi nastri rossi....

MATHIAS sulla porta, fumando.

Aspettala!

BORIS.

Tu bada
al fuoco, e taci!

Mathias si avvicina alla tavola
e accende la pipa alla lanterna.

LADISLAO.

Chi sa quanti giorni
resteremo quassù!

BORIS.

Perchè raddoppiano
tutti i posti? Alla Falce, alla Miniera
nuova.... per tutto.... passano pattuglie.
Tre ne ho contate....

MATHIAS sedendo.

Di che reggimento?

BORIS *sdraiandosi sul lettuccio.*

Che m'importa?

Un uomo ravvolto in un sacco da minatore, entra con una cesta. È Ambrœus.

SCENA TERZA.

AMBRŒUS e DETTI.

AMBRŒUS *fermo sulla porta, non visto dai soldati.*

La cena!

Nessuno si volta.

Non volete mangiare, oh?

MATHIAS *si volta e lo guarda.*

Chi sei tu?

AMBRŒUS.

M'hanno mandato su da Sàuria a portarvi da cenare....

MATHIAS.

Vieni da Sáuria?

AMBRŒUS.

Non ve l'ho già detto?

MATHIAS *abbassando la voce.*

È vero che giù a Sàuria hanno ammazzato due dragoni?

AMBRŒUS

ha un brivido; alza le spalle.

So forse queste cose?

MATHIAS.

Eh perdio! Ne han raccolto uno strozzato e l'altro con due palle nella schiena!

AMBRŒUS

si fa il segno della croce, rabbrividendo.

Mì a so nagott....

Leva le vivande dalla cesta e il vino. Boris e Ladislao non gli abbadano, stanno con la testa fra le mani.

MATHIAS.

Che fai? il minatore?

AMBRŒUS.

Son picconiere alla Miniera Nuova....

MATHIAS.

C'è molto ferro, è vero?

AMBRŒUS.

Sì.

MATHIAS.

      E perchè sei venuto tu, oggi? Il vivandiere dov'è?

AMBRŒUS.

 Malato.

MATHIAS.

  È tuo parente?

AMBRŒUS.

       Sì.

MATHIAS.

Tu non sai che rispondere *sì* e *no*.

AMBRŒUS.

C'è forse altro da dire? Non son già un cappellano da imbastir sermoni....

      Distribuisce le vivande.

MATHIAS.

Guadagni molto a fare il minatore?

AMBRŒUS.

No.

MATHIAS.

 Sei povero dunque come noi. Non abbiam più tabacco....

AMBRŒUS.

     Ne volete?

   Gli getta una borsa di tabacco.

MATHIAS annusa.

Ha buon odore....
>Si avvicina alla tavola, e comincia a mangiare. Indica gli altri due.

Vedi quei due gufi, muoion di crepacuore..

LADISLAO
>si leva e si appressa alla tavola.

Siamo soli quassù!

BORIS
>alla tavola, cominciando a mangiare.

Vita di noia....

MATHIAS mangiando.

Sai ch'è buona questa carne?

BORIS addentando il pane.

Anche il pane....

LADISLAO beve.

Dove hai preso questo vino? Han cambiato religione laggiù?

AMBRŒUS alzando le spalle.

Mah!

BORIS.

Che è successo? Ha partorito qualcuno?

LADISLAO.

Sarà festa. Ogni momento fa un figlio l'arciduca.

MATHIAS bevendo.

- Se potesse fabbricarne uno al giorno! Si starebbe meglio a vino e più allegri....

AMBRŒUS.

V'è bastante mangiare e bere per star lieti?

MATHIAS.

Siamo giovani più di te, sai, vecchio mio!

AMBRŒUS accende la pipa.

Bevete allora!

TUTTI bevendo.

To', alla tua salute!

> Bevono e mangiano. Ambrœus ne approfitta per avvicinarsi alla porta, che cerca di chiudere.

MATHIAS.

Oh, lascia aperto!... Son di sentinella. Passa la ronda ogni due ore.... e adesso quando meno s'aspetta....

AMBRŒUS
cercando di accostare la porta.

Ma quel fuoco accieca....

MATHIAS.

Che t'importa? Stai qui dentro
tutta la notte come noi? T'annoia?
E togliti di mezzo! C'è del posto.

AMBRŒUS
cercando di coprire con la
persona, il vano della porta.

Perchè tenete il fuoco? Avete freddo?

MATHIAS mangiando.

Cosi è l'ordine.... Vedi com'è scuro?
Ogni posto ha il suo fuoco sulla via.

Alza la testa.

Se guardi giù verso la Falce, vedi
un altro fuoco....

Si arresta, con gli occhi fissi
alla parete di sinistra, su cui
batte il riverbero del fuoco esterno.

Oh, un'ombra.... là sul muro.

Gli altri si levano.

AMBRŒUS.

Tu sogni.... Ma che ombra! Credi forse
agli spiriti tu?

MATHIAS.

Son ombre, dico!
Son ombre che camminano. Guardate!

LADISLAO.

E vero.

BORIS.

È vero.

MATHIAS *afferra il fucile, slanciandosi verso la porta.*

Chi va là?

Boris e Ladislao balzano anch'essi, guardando.

LADISLAO.

Tre uomini: salgono ancora....

AMBRŒUS *fra sè.*

Maledetta fiamma!

MATHIAS *all'esterno.*

O vi fermate, o faccio fuoco....

LADISLAO.

Diavolo, non danno ascolto....

BORIS.

Corrono.

MATHIAS *puntando la carabina.*

Perdio!

Ambrœus lancia un fischio acuto.

LADISLAO.

Si son fermati....

BORIS *a Ambrœus.*

Hanno sentito.... Di', li conosci?

AMBRŒUS.

Saranno minatori
al par di me.... M'han conosciuto, pare.
Questo fischio s'adopera in miniera....

MATHIAS all'esterno.

Entrate!

Tre uomini ammantellati entrano.
Sono Mazzini, Astorri e Albera.

SCENA QUARTA.

MAZZINI. – ASTORRI. – ALBERA e DETTI.

Mathias sta col fucile in mano rivolto ancora
minacciosamente verso di loro. Essi si arrestano.

MAZZINI.

Cerchi un bersaglio, amico? E dunque spara!
Apre il mantello.
Mi scopro, scegli il cuore....

LADISLAO
stornando il moschetto di Mathias.

Tira via!

A Mazzini.

Dove andate?

MAZZINI.

Lassù, alle ferriere
di Spluga....

LADISLAO.

Il passaporto?

MAZZINI.

Eccolo.

Dà il passaporto a Ladislao. Albera dà il suo. Il soldato li osserva, poi si rivolge all'Astorri che sta immobile, chiuso nel mantello.

LADISLAO.

E tu?

ASTORRI.

Io non ho passaporto.

LADISLAO.

Tu non passi.

ALBERA.

Lasciate, via! È un mercante di ferrami.
Lo conoscono tutti.... Vien con noi,
e ritorna domani con la merce.

LADISLAO.

Bene, v'intenderete meglio poi
con l'ufficial di ronda.... C'è consegna
di non lasciar passare anima viva.

Ambrœus si avvicina a Mazzini e all'Astorri, sommessamente.

AMBRŒUS.

Si ha da ammazzarli?

MAZZINI frenandolo col gesto.

Aspetta!

Ai soldati.

Ci lasciate riposare?

LADISLAO.

Sedete....

Siedono presso la tavola.
Ambrœus resta in piedi.

MAZZINI.

Siamo stanchi!

LADISLAO.

Anche noialtri si è stanchi.... Si crepa!

Si getta sul lettuccio.

MAZZINI

vede la guzla sulla tavola, la prende, vi passa la mano su, estraendone qualche accordo.

Ha buone corde....

BORIS.

Suoni?... È la mia *guzla*,
è venuta con me dalla Moravia,
l'ha suonata mio padre e il padre suo.

LADISLAO.

Oh bravo, suona!

A uno a uno si sdraiano sulle panche.

BORIS.

Sai anche cantare?

MAZZINI.

Quando son solo, io canto. Le canzoni rallegrano....

BORIS.

Ma quando è amaro il cuore,
il canto resta in gola come il pane.
Io so cantare, ma lo scordo il canto
ogni dì più, dacchè siamo lontani
dalle case.... Si muore di fastidio
e di pena.... Si piange a ricordare!

LADISLAO.

Di' dunque una canzone, su, ferraio!

MAZZINI.

Che canzone volete?

LADISLAO.

Ciò che sai....

MAZZINI.

Patria lontana, vi dirò.... Vi piace?

LADISLAO.

Sì!

BORIS.

Bravo!

MATHIAS

aspirando volute di fumo, seduto sulla porta.

Avanti!

Tutti sono silenziosi e intenti, nel riverbero del fuoco. Astorri ha cinto un braccio al collo di Ambrœus, che gli ha posato la testa sulla spalla, e sembra soffrire intensamente.

ASTORRI, piano.

Su, coraggio, Ambrœus!

MAZZINI
mormora le parole con cadenza profonda, appassionata, sugli accordi della *guzla*.

V'è una terra che aspetta e piange e dice:
Ti ricordi la casa ove sei nato?
Ti ricordi chi un giorno t'ha cullato,
e il primo sguardo che rende felice?
Ti ricordi d'allora, ti ricordi?
Sempre ti chiamo, e tu lontano stai:
la mia catena io mordo, e tu ti scordi....
sempre t'attendo, e tu non torni mai.
Oh torna, torna! Sono bella ancora,
giovine come la tua mamma fu.
La catena mi stringe.... È l'ora, è l'ora!
Nel pianto io chiamo.... Non m'ascolti tu?

LADISLAO piange.

È bella, sai, cotesta tua canzone....
L'hai fatta tu?

MAZZINI.

Non so L'anima sola
fa le canzoni.... Son di tutti.... e vengono
quando l'anima vuole

LADISLAO.

                Tu mi fai
ricordar tante cose.

MAZZINI.

              Di che terra
sei tu?

LADISLAO.

Sono polacco, di Cracovia.

MAZZINI avvicinandosi.

Dimmi, lo sai che han fatto ai prigionieri
della Vistola?

LADISLAO.

     No.

MAZZINI.

            Quando Varsavia
insorse, tu non c'eri?

LADISLAO.

              Alla catena
ero, siccome adesso. Noi siam cani
a due guinzagli, d'Austria e Russia.

MAZZINI sommesso.

                    Bene,
senti ora: per schiudere la bocca
ai prigionieri di Varsavia, han rotto
le lor carni a coltello e vi han versato
olio bollente.... e chi tacque, a catena
fu cacciato in Siberia.

LADISLAO.

Maledetti!

MATHIAS impaurito.

Sta zitto.... chè anche l'aria apre gli orecchi.

LADISLAO.

Quanti saranno andati là in Siberia?

MAZZINI.

Chi può dirlo? La neve beve il sangue,
e non parla che ai morti.

LADISLAO.

È sangue santo.

BORIS.

E il nostro acqua piovana.

MAZZINI a Boris.

Sei polacco
tu pure?

BORIS.

Sono czeco: m'han levato
dalle montagne di Moravia. Andavo
con le cavalle ai pascoli.

MAZZINI.

E suonavi
la tua *guzla*....

BORIS.

Eh, si canta tutti quanti

sulla *guzla,* dai monti insino al mare,
i vecchi canti della gente slava.
D'estate in mezzo ai pascoli, nel piano;
e l'inverno alle belle presso il fuoco,
nelle capanne cariche di neve.
Vengono i vecchi ciechi con la *guzla,*
di capanna in capanna. Anche mio padre
era un cantore.

MAZZINI.

E perchè non ritorni
a cantar le canzoni alla tua gente?

BORIS.

Ci cantan sulle spalle con le verghe
i caporali austriaci.

MAZZINI fissandolo.

Ah, volete
" morire tutti dentro il vostro letto! „

BORIS riscuotendosi.

Ah la conosci la canzone slava?
La cantava mio padre.

MAZZINI.

Si, ed un'altra,
quella che dice: " Fuor che Iddio, nessuno
potrà piegare il nostro fiero spirito! „

BORIS esaltandosi.

La cantiamo, picchiando sette volte
col piede a terra.

MAZZINI più vicino a lui.

E segue: "Iddio medesimo
si ritrarrebbe da siffatta impresa „.

BORIS dolorosamente.

Oh l'abbiamo scordata!...

MATHIAS si volta a Mazzini.

E perchè tu
ti diletti così, di fargli piangere
il cuore?

MAZZINI si volge a Mathias.

Sei austriaco, tu?

MATHIAS
lanciando volute di fumo.
Ungherese!
La mia tribù è invecchiata in Transilvania,
e mi chiamo Mattia, come il gran re.

MAZZINI.

Vi lasciaste rubare la corona
vecchia di Santo Stefano.

MATHIAS.
Pausa. Sembra riflettere.
E perchè
egli non sorge e non balza a cavallo?
Il suo cavallo è vivo, ed egli dorme.

MAZZINI.
Gridate dunque su: *Talpra Magjàr!*
e correranno gli uomini alla Dieta....

MATHIAS.
Bravo! E chi osa?

MAZZINI.
A Buda, v'è rivolta.

MATHIAS pestando in terra.
La schiacceranno, come questa noce.

BORIS piano.
Poi, ci han fatto giurare sui Vangeli
obbedienza. Chi può rinnegar Cristo?
Egli comanda d'ubbidire e amare
i padroni.

MAZZINI.
Comanda forse Cristo
di martoriare il prossimo?

BORIS.
No certo!

MAZZINI.
E voi, che fate qui? Non mi uccidevi
tu forse, se avanzavo d'un sol passo?
Perchè? Ho rubato forse alla tua casa?
T'ho calpestato i pascoli? Ho stracciato
la tua vecchia bandiera di Boemia?

RORIS.
No certo.

MAZZINI.
E perchè dunque tu obbedisci?

BORIS.

E voi perchè obbedite? Eran lombardi
laggiù nei reggimenti di Moravia:
e menavan le verghe a perdifiato
sovra le nostre spalle.

MAZZINI.

Come voi
ci levano d'Italia, e poi ci scagliano
contro di voi, come mastini. Vienna
così adopera i popoli a regnare.

MATHIAS.

Vedi dunque ch'è vano, se il più forte
detta la legge.

MAZZINI.

I deboli potranno
vincerlo, uniti.

BORIS.

Siam dispersi ai venti.

MATHIAS.

Tanto vale gettarsi nel Danubio.

BORIS.

Io voglio ritornare alla mia casa.
Ho la mia madre vecchia. Se si muore?

MAZZINI.

Ho anch'io, una vecchia madre che m'aspetta;
ma se morissi, certo mi parrebbe
d'esserle più vicino.

MATHIAS.

Morto? Celii?

MAZZINI.

Ma credi tu che muoiano gli spiriti?
Scende nell'ombra, solo chi fa il male.
Si arresta, li guarda,
e sospira lungamente.
Ah, se voleste!

LADISLAO verso di lui, avido.

Che?

MATHIAS in ascolto fuori.

Silenzio!

BORIS.

È il vento.

MAZZINI
raccogliendoli intorno a sè.

Posso dirvi di czechi, d'ungheresi,
di polacchi, riuniti insieme a noi,
in un solo volere disperato....
liberare le patrie.... A centinaia
sono raccolti....

LADISLAO.

Dove?

MAZZINI.

Non lontano,
nella Svizzera, là, presso le porte
di Savoia. Essi aspettano....

BORIS.

     Chi mai?

   MAZZINI.

Altri ancora.

    MATHIAS.

  E che sperano di fare?

    MAZZINI.

Combatteranno insieme a noi. Dapprima
si libera l'Italia, poi si accorre
nella Polonia.... in Ungheria... chè tutte
le nazioni di Dio debbon levarsi,
e possedere i canti di lor gente,
la loro terra ed i sepolcri loro.

    LADISLAO.

Per Iddio santo, se ciò fosse vero,
io pure ci verrei....

    MAZZINI.

    Se fosse vero?
Ma puoi vedere coi tuoi occhi stessi.

    LADISLAO.

In che modo?

    MAZZINI.

  Seguendomi.

    LADISLAO *gli prende un braccio.*

    Chi sei
tu dunque?

MAZZINI.

Io sono, uno che soffre e spera.

LADISLAO.

Si soffre e spera in Dio noi pure, sai!

MAZZINI.

Vieni allora con me. È a poche miglia
il confine.

BORIS.

Di' dunque, ma sei tu
quello che voglion prendere?

MAZZINI.

Son io!

BORIS.

E ti attendono proprio altri fratelli
nostri laggiù?

MAZZINI.

L'ho detto.

Accenna l'Astorri, l'Albera e Ambrœus.

Ed essi ancora
l'affermeranno....

ASTORRI *presso a Mazzini.*

Tutti! Noi siam gente
che da un sepolcro fetido si leva
chiamata da una voce di fanciullo....
e una forza novella nelle vene
ci rampolla, e ci scaglia alla vendetta
Su, venite con noi!

MAZZINI *attraendoli a sè.*

Stringiamo i petti,
e serriamo le mani in un sol nodo.
Siam pochi, siam dispersi, ma dimani
noi saremo legione.... e tu polacco,
tu magiaro, tu slavo, quanti preme
barbara lingua e barbaro vessillo,
giuriamo di versare il sangue nostro
per i nostri sepolcri e i nostri figli.
Iddio e popolo! Sotto questo cielo
coronato di stelle, fra le sacre
montagne che suggellano le schiatte,
giuriamo che per noi sarà piantato
sulle macerie dell'antica, il seme
della giovine Europa.

LADISLAO *tende le mani prima.*

Per me, giuro
di seguirti.... Ti vedo, quando parli,
dietro, una moltitudine che aspetta
simile ai santi nelle icone d'oro....

BORIS.

E a me è sembrato di sentir squillare
per due volte una tromba.

MATHIAS.

E a me pareva
di scendere col vento pel Danubio.

ASTORRI.

Giurate dunque!

MAZZINI stringendo tutti a sè.

Qui, con me, fratelli!
Prepariamo le vie! Cosi sta scritto.

LADISLAO.

Che dobbiam fare adesso? Orsù comanda.

MAZZINI.

Venite!

MATHIAS dubbioso.

Adesso?

MAZZINI.

Subito.

MATHIAS.

Ma dimmi,
se non v'è sentinella, chi risponde
alla ronda? L'allarme sarà dato.
Lasciate me!

LADISLAO scrutandolo.

Te solo? Non mi fido.

BORIS a Mathias.

Ti piacciono le svanziche e il vin vecchio....

MATHIAS contrariato.

Che dici?

BORIS.

Cose antiche.

In questo attimo, Ambrœus ha infilato un cappotto, preso un fucile e si è calcato in testa un kepì.

AMBRŒUS.

Resto io!.

ASTORRI.

Tu!

AMBRŒUS immobile, ai soldati.

La parola d'ordine qual'è?

LADISLAO.

Kaiser und Gott.... Imperatore e Dio.

AMBRŒUS.

C'è nient'altro da fare?

LADISLAO.

No, la ronda
prende su la parola e tira via
per gli altri posti....

AMBRŒUS all'Astorri e a Mazzini.

Va bene.... Padrone
andate, so la strada.... e vi raggiungo.
Ho gambe di camoscio.

LADISLAO.

Noi prendiamo
il letto del torrente, e se ci arriva
qualche rumore, ci cacciamo in fondo
alla miniera.... T'aspettiamo là.

BORIS.

Niuno potrà scovarci.

ASTORRI
respirando a pieni polmoni.

Ah, se Iddio vuole, sento odore di polvere! Respiro a pieno petto....

MAZZINI agli altri.

Con me, tutti.

LADISLAO a Ambrœus.

È inteso, alla Miniera Nuova.

Mazzini, Astorri, Albera coi tre soldati, escono dalla porta laterale.

AMBRŒUS
serrando dietro a loro la porta.

È inteso! Andate!

Si odono i passi allontanarsi rapidi giù per la scala di legno. Silenzio. Ambrœus resta solo, si scrolla, guarda intorno.

Ah, quel fuoco.... Smorziamolo. Dell'acqua. Questa coperta è buona....

Esce con la secchia e la coperta. Smorza il fuoco esterno. Buio. Rientra. Ambrœus ha un brivido, si lascia cadere sul lettuccio con la testa chiusa fra le mani. I suoi denti battono.

E se venissero qui dentro quei due morti?

Si alza.

Uno ha detto:
— Mamma! prima che il sangue gli chiudesse la gola.... e l'altro m'ha guardato.... Come era giovine!

> Cade in ginocchio.

Cristo, se sei morto perdonando, pietà di me! Ammazzati non li ho per me....

> Un tremito s'impadronisce del suo corpo. Di lontano, si ode un rumore di sonagliere, che a poco a poco si avvicina. Ambrœus si leva, in ascolto.

Chi è? chi viene? Ah, la ronda....

> Si passa le mani sulla fronte.

Com'è questa parola d'ordine? Com'è?

> La sua memoria si ridesta.

Eccola, sì.... *Kaiser und Gott*.... è questa!

> Il fragore si avvicina, si arresta. Una voce urla dall'esterno.

UNA VOCE.

Chi ha spento i fuochi? Non c'è sentinella?

AMBRŒUS
> s'irrigidisce, imbracciando il fucile.

Kaiser und Gott....

> Una lanterna appare.

SCENA ULTIMA.

Il TORRESANI, seguito dai Dragoni e DETTO.

Il Torresani entra, con lo scudiscio in mano, seguito dall'ufficiale, che porta una lanterna. I dragoni si arrestano all'ingresso. Ambrœus ha un moto di terrore.

TORRESANI
avvicinandosi alla sentinella.
Perchè tu hai spento i fuochi?
Silenzio di Ambrœus.
Non rispondi?
Un colpo di scudiscio.
E quegli altri dove sono?
Silenzio. Altro colpo di scudiscio.
T'han strappato la lingua, o sei tu morto?
Altro colpo di scudiscio. Uguale silenzio. Il Torresani prende la lanterna di mano all'ufficiale e l'alza in volto a Ambrœus, e lo riconosce.
Perdio! Quest'uomo è il servo degli Astorri!
Silenzio.
Sei tu che hai ammazzato le tue guardie?
Silenzio.
Parlerai dunque, su!
Lo scrolla con violenza.

AMBRŒUS *marmoreo.*
Mì a so nagott.

TORRESANI ai dragoni.

Spogliatelo e ponetelo alle verghe.
Lo farem sanguinare fin che parli:
e se resiste, l'ubbriacheremo.
Eh la tortura, apre la bocca ai morti....

> Ambrœus gira uno sguardo disperato intorno. La porta è guardata. Non v'è scampo. I soldati tolgono le verghe dalla guaina.

TORRESANI con ferocia.

Parlerai ora!

> Rapido come il baleno, Ambrœus si toglie dalla cintura un coltello e se lo caccia in cuore.

AMBRŒUS
> piomba a terra. Tutti balzano intorno a lui. Il suo sguardo cerca il Torresani: e con suprema trionfale sfida, si solleva.

Mì a dirò nagott!

FINE.

BINDING DEPT. FEB 16 1956

623342

Tumiati, Domenico
Giovine Italia.

LI
T9256gi

University of Toronto Library

DO NOT
REMOVE
THE
CARD
FROM
THIS
POCKET

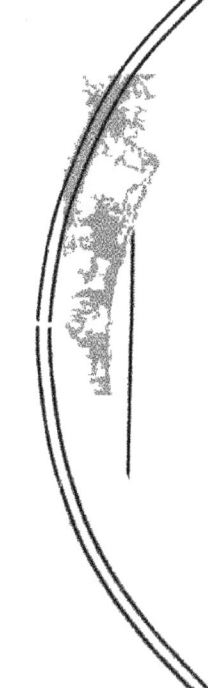

Acme Library Card Pocket
LOWE-MARTIN CO. LIMITED

CPSIA information can be obtained
at www.ICGtesting.com
Printed in the USA
BVHW04s0924170818
524836BV00015B/203/P